MERIAN *live!*

# Jemen

Joachim Chwaszcza

GU GRÄFE
UND
UNZER

Im indonesischen Stil errichtet: das Minarett der Al-Midar-Moschee in Tarim

# INHALT

**Willkommen im Jemen**

**Den Jemen erleben**

**Sehenswerte Orte und Ausflugsziele**

**Routen und Touren**

**Wichtige Informationen**

**Karten und Pläne**
Jemen, westlicher Teil: Klappe vorne; **Jemen, östlicher Teil:**
Klappe hinten; **Sana'a:** Umschlag Rückseite

**L**eben wie zu Zeiten von Tausendundeiner Nacht. Das Land der Königin von Saba, des Kat und der Stammeskrieger verspricht viel Abwechslung und Abenteuer.

Von allen arabischen Ländern ist der Jemen heute das unerschlossenste und vielleicht faszinierendste Land. **Sana'a**, die Hauptstadt des vereinten Jemen, gilt als eine der schönsten Städte der Welt. Eine einmalige Architektur aus Lehm und Stein wurde über die Jahrhunderte hinweg geschaffen und ist heute eines der Ziele architekturbegeisterter Reisender. **Shibam**, die legendäre Lehmstadt im **Wadi Hadramaut**, war der Traum berühmter Abenteurer und Entdecker. Seit der Vereinigung und dem Ende der Streitigkeiten zwischen dem ehemaligen Nord- und Südjemen sind Shibam und das Wadi Hadramaut ohne größere Probleme zugänglich und offenbaren die Schönheit ihrer mittelalterlichen Lehmdörfer. In den farbenfrohen und ursprünglichen **Suks**, den Mittelpunkten der uralten Handelstradition des Jemen, bestechen bis heute das geschäftige Treiben und das gekonnte Feilschen der Händler. Hinter ihren blauen Ladentüren bieten sie Waren aus aller Welt feil. Die Gewürzmärkte von **Sana'a**, **Taizz** oder **Aden**

Qameriah nennen die Jemeniten die bunten Glasscheiben in den Oberlichtern

gehören zu den vielfältigsten und besten des ganzen arabischen Raumes.

## Unvergeßliche Begegnungen erwarten Sie

Alles, was der Jemen an Sehenswürdigkeiten bietet, mag es auf den ersten Blick in anderen Ländern größer, schöner oder besser geben. Und dennoch sind die Sehenswürdigkeiten und touristischen Highlights in der Summe derart kompakt und abwechslungsreich, daß man am Ende der Reise von der unglaublichen Vielfalt des Landes geradezu überwältigt ist. Das Land der **Königin von Saba** ist sagen- und legendenumwoben und umweht von einem Hauch von Abenteuer; eine Reise zu den antiken Denkmälern wie dem **Staudamm von Marib** oder nach **Shabwah**, der ehemaligen Hauptstadt des **Königreiches Hadramaut**, wird zum unvergeßlichen Erlebnis. Architekturbegeisterte Reisende finden im Jemen den Ursprung der Lehmhochhäuser. Nach der seit mehr als 3000 Jahren unveränderten Technik entstehen bis heute sechs- und siebenstöckige Lehmburgen in den Wadis.

Aus der islamischen Periode sind es neben einigen wenigen zu besichtigenden Moscheen vor allem die geschlossenen und besonders einheitlichen Stadt- und Dorfanlagen, die eine starke Faszination ausüben. Und immer wieder sind es die Menschen und Märkte. Das Bild der maleri-

Voll Stolz präsentieren sich
Vater und Sohn

schen Städte und wehrhaften Dörfer wird bestimmt von Männern, die meist nach alter Tradition mit Sakko und Kaftan gekleidet sind. Sie tragen die **djambia**, den Krummdolch, als Zeichen männlicher Würde. Über Generationen wird der Krummdolch vom Vater an den Sohn vererbt und ist ebenso wie eine Kalaschnikow unabdingbares Utensil der nur zu gerne zur Schau gestellten Männlichkeit. Nur selten hingegen sieht man Frauen im öffentlichen Leben, und wenn, dann meist tief verschleiert. Der schwarze **sharshaf** und die bunte, gebatikte **sitara** sind die üblichen Kleidungsstücke, mit denen sich jemenitische Frauen gegen ungewollte Blicke schützen. Als ein traditionelles islamisches Land, dessen moderne Gesetzgebung

Eines der schönsten Beispiele
hadramitischer Lehmbaukunst:
Al-Hajarayn im Wadi Dawan

auf der **Sharia**, der islamischen Rechtsprechung, beruht, hat der Jemen seinen ursprünglichen und tief religiösen Charakter bewahrt. Islamische Werte und Vorstellungen sind allgegenwärtiger Bestandteil des Alltags, ohne daß dabei der Jemen wie viele andere arabische Länder in einen fanatischen Fundamentalismus abzugleiten droht.

### Der mühevolle Weg der Demokratie

Zwar ist der Jemen wirtschaftlich das Armenhaus Arabiens, auf dem Wege zu einer modernen Demokratie aber gilt er als das am weitesten fortgeschrittene Land der Halbinsel. Dieses Nebeneinander von modernen demokratischen und parlamentarischen Staatsformen und dem alten, gewachsenen Stämmesystem ist oftmals schwer nachzuvollziehen. Verläßt man die Zentren der Demokratie und des moderneren Lebens und erkundet die faszinierende Bergwelt oder die kargen Wüsten- und Steppengebiete, so ist man schnell im Gebiet der Stämme. Hier gelten vorrangig noch die alten Stammesgesetze, die weit vor die Zeit des Propheten Mohammed zurückreichen. Am Rand der großen arabischen Wüste bzw. im Norden des Landes leben die **gabili**, die Stammeskrieger, nach jahrhundertealten Regeln und stellen die Vorherrschaft ihres Stammes und die Autorität ihres Scheichs über die modernen und für sie oftmals nicht akzeptablen Regeln des modernen jemenitischen Staates. Der Weg zu einem demokratischen arabischen Staat ist auch im Jemen, der sich sehr um diesen Weg bemüht, steinig. Das Jemenbild vieler Reisenden ist nicht selten geprägt von den klischeehaften Darstellungen unserer Medien. Katkauende bärtige Männer, deren Backenausdehnung selbst dem verstorbenen Trompeter Dizzy Gillespie zur Ehre gereicht hätte, liegen rauchend und schwatzend im **mafradj** und frönen dem süßen Müßiggang. Schwarzverschleierte Frauen sichern in der Zwischenzeit den Lebensunterhalt. Und dann noch die schwerstbewaffneten Krieger…

### Gastfreundschaft ist oberstes Gebot

Aber so fremdartig im Jemen manches auf den ersten Blick auch sein mag, die Jemeniten sind alles andere als ein unfreundliches oder gar ungastliches Volk. Die islamische Tradition der Gastfreundschaft wird hier noch im ursprünglichen Sinn verstanden: nämlich als ein Anrecht des Fremden und nicht als eine Gunst des Gastgebers. Schon nach wenigen Tagen Aufenthalt im Land sind die meisten Besucher fasziniert von der freundlichen und offenen Art, mit der die Menschen dort den Fremden begegnen. Nicht Skepsis und Mißtrauen, sondern Interesse und Offenheit sind Grundhaltungen der meisten Jemeniten. Dies gilt für die Regionen des westlichen Bergjemen ebenso wie für die im Osten liegenden Täler des Hadramaut, für die Bewohner des stark afrikanisch geprägten Küstenstreifens der **Tihama** am Roten Meer oder die wenigen Bewohner entlang der Küste am Golf von Aden. Selbst die oftmals mürrisch blickenden Stammeskrieger des Nordens und des wilden Ostens sind weitaus weniger furchterregend, als es der erste Anblick vermuten ließe. Die Voraussetzung aber für derartig positive Begegnungen liegt in der gegenseitigen Akzeptanz. Wer in den Jemen fährt, um sich auf eine Vielfalt menschlicher Kulturen einzulassen, und wer sein Gegenüber als eine Bereicherung des eigenen Horizonts schätzt, dem wird im Jemen die Möglichkeit geboten, Begegnungen von besonderer menschlicher Tiefe zu erleben.

### Unwirtliche Trockengebiete, fruchtbare Oasen

Ebenso vielfältig wie die einzelnen Bevölkerungsgruppen und Stämme sind auch die Landschaften des Jemen. Die Gesamtfläche des Jemen einschließlich seiner Inseln Perim und Soqotra umfaßt 527 970 Quadratkilometer. 1458 Kilometer weitgehend nicht definierte Landesgrenze trennen den Jemen vom großen und wenig wohlwollend gesinnten Nachbarn Saudi-Arabien, die 1992 definierte Landesgrenze zum östlich gelegenen Oman erstreckt sich auf 288 Kilometer. Die gesamte Küstenlänge beträgt über 1900 Kilometer.

Wie eine große gekippte Platte fällt vom steilen Bergjemen im Westen das Land langsam ab bis hin zu den Ausläufern der **Rub al-Khali**, dem »Leeren Viertel«. Von der schon fast subtropischen Vegetation mancher westlichen Wadis über die trockenen Hochplateaus des zentralen Berglandes, den dattelbestandenen Tälern des Ostens bis hin zu den wüstenhaften Regionen des **Ramlat as-Sab'atayn** weist der Jemen eine Vielzahl unterschiedlichster Formationen und Landschaftsbilder auf. Jungvulkanische Gebiete, deren schwarze Lava vom gelben Wüstensand bedeckt wird, gehen über in endlose unbewohnte Küstenstreifen. Terrassierte Berge, deren Gipfel mühelos über 2500 Meter reichen und deren Felder oft noch bis auf diese Höhe bestellt werden, schließen an den feuchtheißen Küstenstreifen der **Tihama**, der heißen Erde, an. Ihr wüstenhafter Charakter wird langsam durch intensive Bewässerung zu einem wahren Garten Eden, in dem Sorghum und Getreide wachsen.

Auf der Arabischen Halbinsel nimmt der Jemen eine besondere Stellung ein. Denn im Gegensatz zu seinen knochentrockenen Nachbarstaaten verfügt er über ausreichend Regenfälle, um eine funktionierende Landwirtschaft am Leben zu erhalten. Wie schon vor dreitausend Jahren, als findige Bewohner der Wüstengebiete darangingen, mit Dämmen und Bewässerungskanälen die Wüste fruchtbar zu machen, sind nicht die fehlenden Regenfälle das Problem, sondern deren Speicherung. Zuviel Wasser fließt ungehindert in den Canyons und Wadis in die Wüste. Die großen Ballungszentren und der stark angestiegene Verbrauch an Grundwasser lassen den Grundwasserspiegel rapide sinken.

### Der Jemen heute

Seit der Revolution von 1962, als sich die Jemeniten von der Herrschaft der zaiditischen Imame lösten, gehören Krieg und Stammesfehden leider zum Alltag der Jemeniten. Bürger- und Kolonialkrieg prägten die sechziger Jahre, während die siebziger und achtziger ganz im Zeichen der Konfrontation zwischen dem mehr oder weniger demokratischen System des Nordens und dem sozialistischen Süden standen. Die von allen Jemeniten ersehnte Vereinigung beider Staaten brachte zunächst nur eine trügerische Ruhe. Die eigenen Privilegien und ihre Sicherung waren sowohl bei den Vertretern des Südens als auch des Nordens weit wichtiger als die eigentlichen Interessen des Volkes. Der Bürgerkrieg von 1994 war die wohl hoffentlich letzte Konfrontation der beiden »jemenitischen Brüder«.

Auch die wirtschaftliche Situation des Jemen ist im Moment nicht besonders rosig. Die großen Hoffnungen, aus den Erdöl- und Erdgasvorkommen ähnlich wie die Golfstaaten reichen Profit zu schlagen, haben sich bis dato nicht erfüllt. Eher das Gegenteil ist der Fall. Eine Inflationsrate um

## LESETIP

Im Winter des Jahres 1934 unternimmt Freya Stark als erste Frau den Versuch, der sagenumwobenen und verbotenen Wüstenstadt Shabwah einen Besuch abzustatten. Gleichzeitig mit ihr ist auch der berühmte Südarabien-Abenteurer Hans Helfritz im Lande. Beide versuchen mit allen Mitteln, in die gefährliche Ruinenstadt vorzudringen. Zwischen den beiden Abenteurern entfacht ein dramatischer Wettkampf. Freya Stark erkrankt und muß ihre Expedition vorzeitig abbrechen. Helfritz gelangt als erster unter gefährlichsten Umständen nach Shabwah. Freya Starks Buch **Die Südtore Arabiens** (Weitbrecht Verlag) und die **Entdeckungsreisen in Süd-Arabien** (DuMont) von Hans Helfritz sind ein absolutes Muß.

50 Prozent, eine Arbeitslosenrate von über 30 Prozent und eine mehr als negative Handelsbilanz machen den Jemeniten schwer zu schaffen. Die wichtigsten Einkommensquellen der meisten jemenitischen Familien ist seit dem Golfkrieg 1991, als über eine Million jemenitischer Gastarbeiter aus Saudi-Arabien abziehen mußten, erloschen. Eine schnell fortschreitende Verslumung der großen Städte Sana'a und Aden und große Flüchtlingslager in der Tihama waren die Folge, denn viele der Heimkehrer hatten über Jahre hinweg sämtliche Brücken zum Jemen abgebrochen, und eine Integration in die früheren Heimatdörfer war nicht mehr möglich. Der starke Bevölkerungszuwachs (fast drei Prozent jährlich) ist ein weiteres Problem, mit dem die jemenitische Regierung zu kämpfen hat. Für 1995 schätzte man rund 14,5 Millionen Jemeniten, im Jahre 2000 sollen es mehr als 17 Millionen sein. Seit der Revolution von 1972 hat sich die Bevölkerung verdreifacht.

Aber trotz all der wirtschaftlichen und politischen Schwierigkeiten gelingt es den Jemeniten, die alltäglichen Schwierigkeiten oftmals mit Bravour zu bewältigen, und die meisten von ihnen blicken optimistisch in die Zukunft. Die starken Familien- und Stammesstrukturen bilden vor allem in den ländlichen Gebieten ein optimales Gegengewicht zur labilen politischen und wirtschaftlichen Lage. So merkwürdig und unzeitgemäß es klingen mag: Die mittelalterlichen Stammes- und Familienstrukturen helfen den Jemeniten, die Unzulänglichkeiten des modernen Staatswesens zu überwinden.

Bis heute durchqueren Kamelkarawanen den Hadramaut

**D**ie meisten kommen mit dem Flugzeug. Die Ankunft in Sana'a ist ein besonderes Erlebnis, am Flughafen trifft man auf die ersten katkauenden Jemeniten.

### Mit dem Flugzeug

Linienflüge verbinden ganzjährig Sana'a mit den wichtigsten europäischen Flughäfen. Viele große Linien fliegen zweimal wöchentlich in die Hauptstadt. Darüber hinaus bestehen gute Flugverbindungen zu den meisten anderen arabischen Ländern und auf den afrikanischen Kontinent. Eine Reihe von Reiseveranstaltern buchen bei ihren Jemenreisen keine Direktflüge, sondern weichen auf die meist billigeren ausländischen Fluglinien aus. Beliebte Zwischenstopps, bisweilen mit einem mehrstündigen Aufenthalt, sind Kairo, Damaskus, die Golfstaaten und, beim Flug mit Ethiopian Airlines, Addis Abeba.

Die jemenitische Fluggesellschaft **Yemenia** fliegt in Europa die Flughäfen Frankfurt, Rom und Amsterdam an. Seit Mai 1995 verfügt die Yemenia auch über einen hochmodernen Airbus, der die Hauptrouten bedient. In der Hauptreisezeit, vor allem während der Wintermonate, werden bisweilen Zusatzflüge ins Programm genommen. Vor allem Ostern und Weihnachten sind bei deutschen Urlaubern beliebte Urlaubstermine. Zu Beginn dieser Ferien werden von der Yemenia regelmäßig Zusatzflüge angeboten. Die Flugzeit mit einem einstündigen Zwischenstopp in Kairo, bei dem man die Maschine nicht verlassen kann, beträgt rund neun Stunden.

Kleine Propellermaschinen werden im Inlandverkehr eingesetzt

## Mit dem Schiff

Im Rahmen von Kreuzfahrtprogrammen legen manche Schiffe für Landausflüge im Rotmeerhafen Al-Hudaydah, in Aden und in Al-Mukalla an. Diese Landausflüge sind meist organisationstechnisch gut vorbereitet, bieten aber kaum mehr als nur einen flüchtigsten Eindruck. Das Landprogramm besteht weitgehend aus Busfahrten und kurzen Aufenthalten in den einzelnen Orten. Da das Reisen zu Lande in Jemen wegen der schlechten Straßen und der Hitze meist recht beschwerlich ist, kann man nur von einem bedingten Genuß sprechen. Für Individualreisende besteht die Möglichkeit, von Djibouti oder Asmara nach Al-Hudaydah überzusetzen.

## Ankunft in Sana'a

Viele der aus Europa kommenden Flüge treffen spät abends am Flughafen von Sana´a ein. Nach den üblichen Einreiseformalitäten, bei denen man unbedingt ein Hotel in Sana'a angeben muß, bildet sich vor der Gepäckausgabe eine lange Schlange. Das Gepäck wird bei der Ausgabe häufig nicht besonders schonend behandelt, deshalb sollte man schon bei der Abreise darauf achten, alles gut zu verschließen.

Das nächste Hindernis ist die Zollkontrolle. Grundsätzlich wird diese recht locker vorgenommen, wenn man genau die Regeln beachtet. Versuchen Sie, vor allem bei mehreren Reiseteilnehmern, möglichst alles Gepäck dem Kontrolleur vorzulegen, und bitten Sie ihn, alle Gepäckstücke, auch das Handgepäck, abzuzeichnen. Langwierige Prozeduren können Sie mit Videokassetten und -geräten einleiten, die müssen nämlich im Paß eingestempelt werden. Den Unmut des Zöllners erregt man weniger mit einer Flasche Whisky als mit einer Zeitschrift voller leichtbekleideter Damen. Wenn Sie ein Magazin oder eine Illustrierte mit ins Land nehmen wollen, reißen Sie lieber gleich im Flugzeug die entsprechenden Seiten raus. Im Zweifelsfall macht es der Zöllner in aller Öffentlichkeit.

## Jemenitische Taxis

Der Flughafen in Sana'a liegt rund zehn Kilometer außerhalb der Stadtgrenze in Ar-Rawdah. Da es keinen Flughafenbus gibt, sind Sie, sofern Sie nicht vom Reiseveranstalter am Flughafen abgeholt werden, auf die lokalen Taxis angewiesen. Mit dem buntgeschmückten, dafür aber absolut schrottreifen Taxi ist Ihnen eine erste abenteuerliche Begegnung mit jemenitischer Lebensart gewiß. Eine Fahrt mit einem Taxi in die Stadt kostet unabhängig von der Personenzahl circa zehn Dollar. Vergewissern Sie sich, vor allem wenn Sie spät nachts ankommen, beim Taxifahrer, ob er das von Ihnen gewünschte Hotel auch wirklich kennt, denn sonst irrt man durch die verwinkelten und unbelebten Gassen des nächtlichen Sana'a.

**A**bseits der Hauptstraßen ist man auf Geländewagen angewiesen. Man nennt sie wegen ihrer bauchigen Form nach einer Bauchtänzerin »Layla Alawy«.

### Mit dem Auto

Im Jemen scheint es nur eine Automarke zu geben, nämlich Toyota. Wie in keinem anderen Land hat hier der japanische Autokonzern mit seinen äußerst robusten und stabilen Geländewagen Fuß fassen können. Und stabil genug können die Autos nicht sein. Auch wenn man sich nur auf den rund 4000 Kilometern asphaltierter Straße bewegt, ist der Landcruiser jedem anderen Fahrzeugtyp vorzuziehen. Viele Sehenswürdigkeiten oder loh-nende Ziele sind nur über unbefestigte Pisten oder Schotter-straßen zu erreichen, die mit einem normalen PKW nicht pas-sierbar sind. Diese unbefestigten Straßen aber machen rund drei Viertel des jemenitischen Stra-ßennetzes aus.

### Allein oder mit Fahrer?

Für organisiert Reisende oder Reisegruppen stellt sich dieses Problem meist nicht, da sie entweder in einem Bus oder mit einem oder mehreren Fahrern

Abseits der üblichen Routen muß die Ausstattung stimmen

unterwegs sind. Bei Einzelreisenden könnte diese Frage schon eher auftauchen. Grundsätzlich ist es durchaus möglich, in Sana'a Autos ohne Fahrer zu mieten. Es sprechen aber viele gute Gründe dafür, auf einen Fahrer zurückzugreifen. Einer der wichtigsten Gründe ist die erhöhte Sicherheit, denn ein paar Fälle von Kidnapping haben dem Jemen schlechte Schlagzeilen beschert. Ein weiterer Hinderungsgrund, sich alleine auf Spurensuche zu begeben, sollte die äußerst schlechte oder kaum vorhandene Beschilderung sein. Lediglich die großen Städte sind einigermaßen ausgeschildert. Ist man auf der Suche nach einer abgelegeneren Moschee oder abseits liegenden Sehenswürdigkeit, so kann sich dabei die Suche recht langwierig gestalten. So spricht vieles dafür, sich einem ortskundigen Fahrer anzuvertrauen, der zwar Kat kaut, dafür aber auch in seinem eigenen Interesse darauf achtet, möglichen Gefahrenquellen aus dem Weg zu gehen.

Das Reisen im Jemen trägt immer wieder auch Expeditionscharakter, und Zeltübernachtungen sind in vielen Reiseprogrammen ein fester Bestandteil. Die Fahrer wissen, wo man ohne Gefahr übernachten kann, kennen die guten und sauberen Garküchen oder finden die richtigen Abzweigungen auf einsamen Strecken im Ramlat as-Sab'atayn.

Mietadressen für Autos und Agenturen mit Fahrern sind im Kapitel »Jemen von A bis Z« zu finden.

## Sammeltaxis und Busse

Sammeltaxis übernehmen im Jemen weitgehend die Funktion eines flächendeckenden Netzes von Verkehrsverbindungen. Grundsätzlich kann man überall, wo Menschen wohnen, auch mit einem Sammeltaxi hinfahren. Zwischen den einzelnen Städten verkehren Taxis, ihre jeweiligen Farben geben auch die grobe Zielrichtung an. Von Sana'a aus fahren die blauen Taxis gen Westen nach Al-Hudaydah oder Al-Mahwit, die grünen gen Süden nach Taizz, die braunen nach Sadah im Norden oder nach Marib. Die Sammelpunkte für die Taxis sind immer an der Hauptausfallstraße in der jeweiligen Richtung. Abfahrt ist, wenn der Wagen vollbesetzt ist, die Preise sind Verhandlungssache. Zwischen großen Orten verkehren teilweise mehrmals täglich Schnellbusse.

## General Transport Corporation

Abfahrt in Sana'a nahe dem Bab al-Jemen
Ticketverkauf Az-Zubayri Street
Tel. 01/26 21 09 oder 26 21 13

### Mit dem Flugzeug

Nur wer wirklich in Hetze ist, sollte einen Inlandsflug buchen. Oftmals sind die Inlandsflüge auch so verspätet, daß man besser und schneller mit dem Auto vorankommt. Wer auf die anstrengende Wüstenfahrt verzichten will, kann zweimal wöchentlich von Sana'a nach Sayun fliegen.

**F**unduks, Herbergen im orientalischen Stil und abenteuerliche Zeltnächte in der Wüste sind Alternativen zu den fehlenden Hotels mit internationalem Standard.

Wer Hotels mit großem Luxus und Komfort sucht oder einen entspannenden Strandurlaub in einem orientalischen Traumhotel vor Augen hat, kommt im Jemen nicht auf seine Kosten. Mit viel gutem Willen lassen sich die Hotels mit internationalem Luxusstandard an einer Hand abzählen. Sana'a bietet mit dem **Taj Sheba**, dem **Sheraton** und dem weit außerhalb liegenden **Haddah Ramadah** Unterkünfte, die einigermaßen dem internationalen Luxusstandard entsprechen. Aden kann mit dem **Mövenpick** den Reisenden und vor Ort ansässigen Geschäftsleuten ein gepflegtes Hotel, Restaurant und eine richtige Bar mit einer täglichen »happy hour« offerieren. Die Preise für diese Hotels werden in harten Devisen berechnet, liegen allesamt über der 100-Dollar-Marke und sind für jemenitische Verhältnisse geradezu astronomisch. An einfachen Hotels unter lokaler Führung besteht in den Städten hingegen kein Mangel. Nur lassen oftmals Sauberkeit und Service sehr zu wünschen übrig.

Ein Hauch von Abenteuerromantik: Camping mit Aussicht bei Hosn Bokhur

## Zauberhafte Funduks

Das arabische Wort für Hotel heißt **funduk** und bezeichnet von der Luxusherberge bis zum einfachen Matratzenlager alles, was als Unterkunft für Reisende dienen mag. Eine jemenitische Besonderheit sind die ebenfalls als Funduk bezeichneten lokalen Herbergen und einfachen Hotels, die vor allem in Sana'a als Touristenunterkünfte verstärkt umgebaut und renoviert wurden. Diese Funduks liegen alle mitten in der Altstadt. Man wohnt hier in einem der traditionellen mehrstöckigen Steinhäuser, deren Zimmer ganz nach jemenitischer Gewohnheit mit Matratzen am Boden ausgestattet sind. Bunte Glasfenster und Oberlichter, **qameriah**, zaubern in den landestypischen Unterkünften farbenprächtige Lichtspiele.

## Kat und Gespräche

Bei fast allen jemenitischen Hochhäusern befindet sich der **mafradj**, die »gute Stube«, im obersten Stockwerk. Der Raum dient vor allem den gesellschaftlichen Zusammenkünften der Männer wie der alltäglichen Katrunde. Sitzpolster reihen sich an der Wand entlang, große Fensterfronten eröffnen Traumblicke. Der **mafradj** ist aber nicht nur den Männern vorbehalten, sondern wird auch von Frauen zur **tafrita** genannten Frauenrunde benutzt.

### Preisklassen

Die Preise gelten pro Person, ohne Frühstück.
Luxusklasse ab 100 US-Dollar
Obere Preisklasse ab 50 US-Dollar
Mittlere Preisklasse ab 1500 Rial
Untere Preisklasse ab 500 Rial

## DER BESONDERE TIP

**G**olden Dhar in Sana'a Versteckt in den Gassen der Altstadt, nahe der kleinen Brücke über den Sailah, liegt das Hotel Golden Dhar oder auf arabisch Dhar Dahab. Vom Dach des alten Steinhauses bietet sich ein phantastischer Rundblick über die Altstadt von Sana'a. Die Zimmer, fast alle mit eigenem Bad, sind einfach, aber sauber, Prunkraum ist natürlich der wunderbare **mafradj** im obersten Stockwerk. Empfehlenswert ist auch das hoteleigene Restaurant, das eine gut ausgewählte und zubereitete Folge verschiedenster arabischer Gerichte aufweisen kann. Talha Zone, P.O. Box 212, Tel. 01/22 29 49, Fax 23 06 05, 40 Zimmer, Mittlere Preisklasse

**J**emeniten sind keine Feinschmecker. Das Essen ist eher schlicht – aber wohlschmeckend. Das beliebte frische Fladenbrot ist fast in jeder Garküche erhältlich.

Die jemenitische Küche ist weitgehend einfach. Was gekocht wird, dient vorrangig der Nahrungsaufnahme oder als solide Basis für die nachmittägliche Katsitzung. Grundlage der Gerichte sind vor allem Fleisch, Reis, Gemüse und Brot. Trotz der einfachen Kost legt man vor allem bei Fleisch oder Gemüse Wert darauf, daß es täglich frisch zubereitet ist. Da Restaurants im europäischen Stil weitgehend unbekannt sind, kehrt man während der Reise vor allem in Garküchen ein. Vieles wird beim ersten Besuch solch eines jemenitischen Restaurants befremdend wirken: der Lärmpegel, die oftmals mangelnde Sauberkeit, die reine Männergesellschaft und die Kalaschnikows, von denen man sich auch beim Essen nicht trennt. Zeitungspapier oder Plastikdecken ersetzen das feine Tischtuch. In den einfachen Kneipen, bei denen die jeweiligen Gerichte zwar auf Tellern, aber ohne Besteck serviert werden, geht man davon aus, daß man mit den Fingern ißt. Benützt wird dazu wie in allen arabischen Ländern die rechte,

Jemenitische und libanesische Spezialitäten im Golden Dhar in Sana'a

da die linke Hand als unrein gilt. Wer nicht mit den Fingern essen möchte oder dem bisweilen vorhandenen Blechbesteck mißtraut, sollte immer ein Besteck griffbereit in der Tasche haben. Der erste Gang in einer Garküche führt immer zunächst zur Waschecke, dann kümmert man sich um Essen und Getränke. Die Speisenauswahl besorgt man am besten selbst, indem man direkt in die Küche marschiert und sich alles zeigen läßt. Von dem am Tisch bereitstehenden Wasser sollte man Abstand nehmen und lieber auf einer Flasche Mineralwasser bestehen.

Am Freitag, dem islamischen Feiertag, wird kräftig aufgetischt. Hammelsuppe mit Zitrone, Fleisch und Fisch, verschiedenste frisch zubereitete Gemüse werden zusammen mit dem im Holzofen gebackenen Fladenbrot auf einer bunten Plastikdecke am Boden des **mafradj** ausgebreitet. Während die Männer des Hauses schwatzend und rauchend beisammensitzen, bereiten die Frauen und Mädchen die Speisen zu und tragen auf. Gegessen wird streng getrennt, die Männer im **mafradj**, die Frauen und Mädchen in der Küche. Was die Frauen in den einfachen Küchen zubereiten, ist natürlich von anderem Niveau als das, was viele Garküchen anbieten. Wer echte und unverfälschte jemenitische Küche erleben will, bedarf also einer Einladung in das Haus eines Freundes. Aber die Gastfreundschaft der Jemeniten ist ja sprichwörtlich.

Das Wadi Hadramaut ist berühmt für seine Datteln

## Zum Thema Gesundheit

Auch wenn der erste Eindruck beim Essen wenig erfreulich ist und so mancher sich zunächst vornehm zurückhalten mag, so läuft man – sofern man einige Grundregeln einhält – kaum Gefahr, durch Essen krank zu werden. Wichtigste Regel bei Früchten, Gemüse oder anderen rohen Gerichten ist: Koche es, schäle es, oder lasse die Finger davon. Tee und Mineralwasser sind überall in ausreichender Menge zu bekommen, also Finger weg von offenem Wasser. Wer in Sachen Besteck heikel ist oder nicht mit den Fingern essen mag, sollte sein eigenes Besteck und einen Trinkbecher mit sich führen. Die meisten Gerichte sind so lange gekocht, daß Krankheitserreger wenig Chancen haben. Was man auf keinen Fall machen sollte, ist im Suk an den Ständen zu essen. Bei der Auswahl eines guten und sauberen Restaurants kann man getrost auf die Ortskenntnisse des Fahrers vertrauen. Reisegesellschaften besuchen immer wieder die gleichen Garküchen und kennzeichnen »ihr« Restaurant mit einem Aufkleber. Diese Restaurants bieten meist eine gute Küche, saubere Teller und sauberes Besteck, das man im Zweifelsfall noch einmal selbst spülen kann. Vor allem entlang dem Roten Meer im Küstenstreifen der Tihama bieten die Kneipen schmackhaften Fisch und Fladenbrot aus dem **Tannur-Ofen** an. Dabei werden die Fische aufgeschnitten, mit würzig scharfer Chilipaste eingerieben, in den Brotofen gestellt und gegrillt. Serviert werden sie dann mit frischem Fladenbrot auf Zeitungspapier. Der Fisch sollte aus der Kühltruhe kommen und nicht bereits einige Stunden Sonnenbad hinter sich haben.

### Einfache Köstlichkeiten

Zu den mit am wohlschmeckendsten Köstlichkeiten gehört das frische Fladenbrot, das **chobs tannur**. In einem großen Rundofen werden die dünnen Teigfladen an die Ofenwand geklebt und sind schon nach ein bis zwei Minuten fertig gebacken. Das ofenfrische heiße Fladenbrot ist nicht nur besonders köstlich, sondern auch ein geeignetes Eßwerkzeug. Kleine Stücke werden

abgerissen und mit ihnen Fleischstücke oder Gemüse aufgenommen. Eine besondere Delikatesse ist das Fladenbrot, wenn es nicht, wie heute fast überall üblich, mit einem Gasbrenner gebacken wird, sondern mit dem seltenen und teuren Holz, etwa dem der vorwiegend am Wüstenrand wachsenden Ilbbäume. Zu einer Süßspeise wird dieses frische Fladenbrot zerkleinert und mit zerstampften Datteln oder mit Bananen vermengt. Ebenfalls mit Brot zubereitet wird **shafut**, ein einfaches, aber erfrischendes Joghurtgericht.

Das Hauptgericht der Nordjemeniten ist **salteh**, eine Art Eintopf, der mit einem bitter schmeckenden Schaum aus Bockshornklee übergossen wird. Allein die Zubereitung eines echten Salteh ist sehenswert, denn mit einem auf volle Flamme gedrehten Gasbrenner wird zunächst einmal ein Ton- oder Steintopf zum Glühen gebracht. In den Topf kommen dann Reis, Fleisch, Gemüse und Eier, alles wird mit **shurba** (Hammelsuppe) übergossen und brodelt vor sich hin. Oben drauf kommt der Bockshornkleeschaum, und mit einem dicken Lumpen oder einer Zange wird das Gericht im glühenden Topf serviert. Dem würzigen und wohlschmeckenden Eintopf wird der Bockshornklee untergerührt, dann wird das Fladenbrot eingetaucht und gegessen. Der bittere, manchmal schleimige Bockshornklee ist nicht jedermanns Sache, und mit etwas Verhandlungsgeschick kann man den Koch dazu bewegen, ihn einfach wegzulassen.

Eine weitere jemenitische Spezialität ist **azid**, ein aus rotem oder weißem Sorghum gekochter Getreidebrei, der zusammen mit Suppe oder Soße serviert wird. Aus zerkleinertem Fladenbrot, entweder mit Bananen, Datteln oder Honig vermischt, wird das wohlschmeckende **fatah** zubereitet. Zum Nachtisch wird entweder Crème Caramel angeboten oder »die Tochter des Tellers«, **bint as-Sahn**. Dabei handelt es sich um einen mit Honig übergossenen einfachen Kuchen, der in einer Blechform ausgebacken wird.

Die Küche und die Auswahl der Gerichte im Norden sind nahezu vielfältig im Vergleich zum ehemaligen Südjemen. Vor allem im Landesinneren beschränkt man sich auf äußerst einfache Speisen wie Reis mit ein wenig Gemüse und im besten Falle noch Trockenfleisch. Auf den Straßenmärkten zwischen Al-Mukalla und Tarim kann man diesen Fisch – vornehmlich Hai- und Thunfisch – in allen Stadien der Trockenheit kaufen. Manches Exemplar dieser lokalen Besonderheit gleicht eher verwittertem Holz als einem Stück Fisch. Der eindeutige Geruch aber bestätigt, daß es sich tatsächlich um Fisch handelt. Nur in wenigen Restaurants findet man Fleisch oder eine größere Speisenauswahl.

### Obst und Gemüse

Um den Speiseplan abwechslungsreicher zu gestalten, kann man auf hiesiges Obst und Gemüse zurückgreifen. Orangen und Mandarinen, Bananen, Melonen, Aprikosen und vor allem

Im Suk As-Sabah bekommt man stets frisches Brot und Gemüse

Weintrauben gehören zu den einheimischen Produkten. Nüsse und Rosinen werden überall angeboten. Karotten, Rettich, Eiertomaten und Gurken stehen auf jedem Lebensmittelsuk frisch geerntet zum Verkauf bereit. Lauchzwiebeln, die von den Jemeniten roh gegessen werden, sollten vorher gründlich abgewaschen werden. Achtet man hier auf die »Goldene Regel«, so kann man mit dem überall angebotenen und äußerst schmackhaften Joghurt in den Speiseplan durchaus Abwechslung bringen.

### Kaffee, Tee und Qishr

Der Jemen gilt allgemein als die Heimat des Kaffees, und die Stadt Al-Mukha gab dem Kaffeegetränk seinerzeit seinen Namen. nämlich Mokka. Heute wird Kaffee nur noch in sehr beschränktem Rahmen angebaut, da die Produktionskosten im Vergleich zu Asien oder Südamerika einfach zu hoch sind. Die bekanntesten Sorten der **Arabica rustica**, des jemenitischen Kaffees, sind die Anbaugebiete der **Beni Haima** und **Beni Matar**, deren Namen heute noch bei Kaffeekennern in der ganzen Welt bekannt sind. Der Kaffee wird wie in den meisten arabischen Ländern als türkischer Kaffee zubereitet, die frisch gerösteten Bohnen gemahlen oder zerstoßen und in einem kleinen Kännchen als Satz aufgekocht. Kaffee gilt trotz seiner lokalen Herkunft als Luxusartikel und wird nur in besonderen Fällen gekocht. Kaffee, **bunn**, ist auch ein traditionelles Gastgeschenk. Im Suk findet man sowohl ungeröstete grüne Kaffeebohnen als auch bereits gemahlenen und gerösteten Kaffee.

## DER BESONDERE TIP

**H**onig aus dem Wadi Dawan Das Wadi Dawan ist eines der Seitentäler des Wadi Hadramaut und seit alters her berühmt für seinen Honig. Wanderimker, die oftmals aus mehreren hundert Kilometer entfernten Dörfern kommen, folgen mit ihren Bienenstöcken (im Bild rechts zu sehen) der Blüte der Akazien oder der Datteln. Die Imker verwenden als Bienenstöcke Tonröhren oder ausgehöhlte Baumstämme. Der äußerst wohlschmeckende und absolut naturreine Honig wird von den Arabern mehr als Heilmittel denn als Genußmittel verwendet. Seine aufwendige Gewinnung schlägt sich im Preis nieder. Ein Kilo bester Qualität kann durchaus zwischen 50 und 100 Dollar kosten. ■ G 4

Eine Besonderheit ist der morgendliche qishr, ein Getränk aus Kaffeeschalen, das ähnlich wie der cay yemeni, der jemenitische Tee, mit Ingwer, Kardamom und Zimtrinde aufgekocht wird. Die Kaffeeschalen sind bei den Kaffeehändlern im Suk zu bekommen. Das überall erhältliche und in der Hitze am besten verträgliche Getränk ist Tee. Dabei unterscheiden die Jemeniten zwischen cay ahmar, schwarzem Tee, und cay halib, Milchtee. In jedem Fall werden dem Tee Unmengen von Zucker zugegeben. Ungesüßter Tee ist nur auf ausdrückliche Sonderbestellung erhältlich.

Fast überall bekommt man auch Softdrinks und abgepackte Säfte. Nur vor allzu abenteuerlich gefärbten künstlichen sollte man sich hüten, denn sie werden vom Ladenbesitzer selbst aufgefüllt.

## Hotelrestaurants

Die Hotels **Sheraton**, **Taj Sheba** und **Mövenpick** haben selbstverständlich eigene Restaurants und Coffee-Shops mit gehobenem Standard. Frische Backwaren nach europäischem Geschmack sind hier ebenso erhältlich wie Pizza oder Spaghetti. Alkohol hingegen gibt es nur im Mövenpick und im Sheraton.

Restaurants sind bei den einzelnen Orten im Kapitel »Sehenswerte Orte und Ausflugsziele« beschrieben.

### Preisklassen

Die Preise beziehen sich jeweils auf ein Essen, bestehend aus Gemüse, Fleisch und Tee.
Luxusklasse ab 2000 Rial
Obere Preisklasse ab 1500 Rial
Mittlere Preisklasse ab 800 Rial
Untere Preisklasse bis 300 Rial

Der Honig der Wanderimker im Wadi Dawan ist bekannt für seine Qualität

## Eßdolmetscher

### A

*asid:* Saft
*azal:* Honig

### B

*basal:* Zwiebel
*beit ma tomat:* Eier und Tomaten
*bint as-Sahn:* Kuchen
*bisbas:* Peperoni
*bunn:* Bohnenkaffee

### C

*cay ahmar:* schwarzer Tee
*cay halib:* Milchtee
*chall:* Essig
*cheijar:* Gurke
*chobs:* Brot
*– tannur:* Fladenbrot

### D

*digag:* Hühnchen

### E

*enab :* Weintrauben

### F

*fasulia:* Bohnen
*filfil:* Pfeffer
*ful:* Bohnenbrei (wird meist zum Frühstück gegessen)

### G

*gubn:* Käse

### H

*habhab:* Melone
*halib:* Milch
*hisab:* Rechnung
*hulba:* Bockshornklee

### K

*kawa:* gekochter Kaffee
*kibda:* Leber
*kuddam:* dunkle Brötchen

### L

*lahm:* Fleisch
*– sareer:* Fleischstückchen
*lemun:* Zitrone

Eine reichhaltige Auswahl an Gewürzen
findet man im Suk

## M

*ma/muja:* Wasser
– *brt:* kaltes Wasser
– *hami:* heißes Wasser
– *shamlan:* Mineralwasser
(der Marke Shamlan)
*makaruna:* Nudeln
*malaka:* Löffel
*malochaia:* Spinat mit rohem Ei
*mataam:* Restaurant
*mauz:* Banane
*marek:* Suppe
*mishmish:* Aprikosen
*murraba:* Marmelade
*mushakal:* Mischgemüse

## P

*patatas:* Kartoffeln
*portugal:* Apfelsine

## Q

*qishr:* Getränk aus Kaffeeschalen

## R

*roti:* Kastenweißbrot
*ruz:* Reis

## S

*sait:* Öl
*saitun:* Oliven
*sahn:* Teller
*salata:* Salat
*salteh:* Eintopf
*shafut:* Joghurt mit Knoblauch, Brot
und Lauch
*shurba:* Suppe
*subda:* Butter
*sukkar:* Zucker

## T

*tabiikh:* Eintopf
*tabuli:* Vorspeise mit Petersilie und
Bulgur
*tamr:* Datteln
*thum:* Knoblauch
*tomates:* Tomaten
*tuffah:* Apfel
*tunna:* Thunfisch

## Z

*zabati:* Joghurt
*zabib:* Rosinen
*zakin:* Messer
*zamak at-tannur:* Fisch im Tannur-
Ofen gebraten
*zamak:* Fisch

**Die Rosinen werden, wie alle anderen Waren,
in Scheffel verkauft**

**P**rachtvoller Silberschmuck, kunstvolle Dolche, bunte Stoffe oder exotische Gewürze: In den Suks und Läden des Jemen gibt es alles. Gehandelt wird immer.

Wer aus dem Jemen ohne ein silbernes Schmuckstück, einen Dolch oder ein anderes »Mitbringsel« nach Hause kommt, muß schon von ganz besonderer Kaufresistenz befallen sein. Denn alleine das Handeln um einen für beide Seiten akzeptablen Preis bereitet meistens so viel Spaß, daß man schon wegen dieser Verkaufsgespräche immer wieder an einem der Läden oder Stände stehenbleibt. Dabei wird im Jemen um alles gehandelt, was man irgendwie nur bezahlen kann. Selbst bei Keksen oder ei-

ner Flasche Wasser findet zwischen Jemeniten immer noch ein »Verkaufsgespräch« um den Preis statt.

**Vom Handeln und Feilschen**

Das Handeln und Feilschen wird von vielen westlichen Besuchern oft als lästige und überflüssige Prozedur angesehen, in deren Verlauf der Händler den Fremden nur allzuoft und allzugerne über den Tisch ziehen will. Im ursprünglichsten Sinne hat aber das Aushandeln des Preises auch

Dolche und Silberschmuck sind beliebte Reiseandenken

soziale Komponenten, die von Fremden meist nicht wahrgenommen werden. Wer viel besitzt, soll dementsprechend auch etwas mehr bezahlen. Dafür wird im umgekehrten Falle auch ein Auge zugedrückt. Das Handeln beinhaltet auch eine Anerkennung der Ware und damit automatisch auch des Händlers. Indem er die Vorzüge dieses Dolches anpreist, seine Qualität und sein hohes Alter, macht er auch auf sein gutsortiertes Geschäft, seine hochwertige Ware und seine geschäftliche Integrität aufmerksam. Wer einfach nur das geforderte Geld hinlegt, wird in den Augen der Sukhändler als dumm und unkultiviert betrachtet. Welch hohen Stellenwert der Handel hat, mag man daran erkennen, daß der Prophet aus einer Kaufmannsfamilie stammte. Die jeweilig geforderten Preise können Sie im Gegengebot ruhig um ein Drittel, wenn nicht sogar um die Hälfte unterbieten. Mit etwas Hartnäckigkeit werden Sie sich schnell auf einer vernünftigen Ebene treffen. Haben Sie etwas ganz Besonderes entdeckt, dann zeigen Sie dem Händler nicht sofort Ihr starkes Interesse, sondern fragen erst einmal nach dem Preis für ein völlig anderes Stück. Erst nach und nach lenken Sie das Interesse auf Ihr eigentliches Ziel. Sollte alles nicht helfen, dann kann man einfach das Gespräch abbrechen, was den Preis meistens noch einmal um einige Rial senkt. Sie werden bald merken, Handeln kann auch Spaß machen.

## Silberschmuck und Krummdolche

Der Jemen war früher im ganzen arabischen Raum berühmt für seinen feinen und hochwertigen Silberschmuck, der vornehmlich von jüdischen Silberschmieden angefertigt wurde. Nachdem bis auf wenige Familien die meisten jemenitischen Juden in der Aktion »Fliegender Teppich« in den sechziger Jahren das Land verlassen hatten, ist die hohe Kunst des jemenitischen Silberschmiedens stark verkümmert. Ein Großteil des heute im Suk zu kaufenden Silberschmucks stammt aus anderen arabischen Ländern, wurde teilweise neu zusammenmontiert oder ist von minderer Silberqualität. Doch mit Glück findet man auch noch den traditionellen jemenitischen Silberschmuck, dessen Formenvielfalt und Einfallsreichtum einmalig ist. Der plakative und meist schwere und umfangreiche Schmuck der Beduinenfrauen wird oft in viele Einzelteile zerlegt. Doch im Rahmen dieser Recyclingarbeiten entstehen immer wieder sehr schöne Ketten oder Armreifen, die man trotz ihrer Schwere und Größe auch gut in Europa tragen kann.

Der Krummdolch, die **djambia**, ist der Stolz jedes Jemeniten und demonstriert in augenfälliger Weise seine Mannbarkeit. Dabei unterscheidet man zwischen dem üblichen Krummdolch und den Dolchen der adligen Kaste, der **sayed**, die eine silberne Scheide besitzen und an der

DEN JEMEN ERLEBEN

Seite getragen werden. Diese jemenitischen Dolche sind oftmals über viele Generationen vom Vater an den Sohn weitergegeben worden. Ihr Wert liegt vorrangig in dieser Tradition und im Griff des Dolches, der je nach Herkunft aus dem Horn eines Nashorns oder banal aus Kuhhorn sein kann. Die Qualität der Stahlklinge erkennt man an ihrem Klang und an der Spitze. Ist die Klinge aus zwei Blättern zusammengesetzt, handelt es sich um minderwertige Ware. Wenig Beachtung schenkt man der Scheide, nur der Gürtel sollte wieder prachtvolle Stickereien aufweisen oder zumindest aus gutem Leder gearbeitet sein. Für die Herstellung eines vollständigen Dolches mit Gürtel sind mehrere Stationen notwendig, denn der Schmied fertigt die Klinge, ein anderer Handwerker macht nur Scheiden und Gürtel, die Stickereien werden in einem dritten Geschäft ausgeführt, und das Einschmelzen der Klinge und das Polieren des Dolches werden wiederum bei einem anderen Handwerker in Auftrag gegeben. Die Dolche können je nach Alter und Herkunft astronomische Preise erreichen. Überlegen Sie, ob Sie einen Dolch zu Dekorzwecken oder zur Erinnerung erstehen wollen oder ob Sie auf der Suche nach einer echten Antiquität und Rarität sind.

### Duftende Gewürze

Schon einige Schritte vor dem eigentlichen Gewürzsuk wird man ein Kribbeln in der Nase spüren. Der Wind bläst über die Säcke mit Bockshornklee oder Pfeffer und reizt so die Nasen. Der Jemen ist seit Urzeiten ein Land, durch das die Gewürze aus Asien nach Europa gebracht wurden. Von spanischem Safran bis malaiischer Zimtrinde findet sich alles, was das Herz der Köche begehrt. Kardamom, Ingwer, Zimt, Pfeffer, Chili, Anis oder Kreuzkümmel gehören zu den Standardgewürzen. Bei guten Händlern findet man auch Weihrauch verschiedenster Herkunft, Myrrhe und andere Duftstoffe.

## DER BESONDERE TIP

**E**chten südarabischen Weihrauch in den Sukläden zu finden dürfte kaum möglich sein, denn die Preise dafür liegen in astronomischer Höhe. So kommt der im Suk angebotene und in unterschiedlichen Qualitäten erhältliche Weihrauch (**bukhur**) aus Asien, erfüllt aber in den tönernen Weihrauchbrennern (**mabakir**) dennoch seinen Zweck.

**O**bwohl Jemeniten Kinder lieben, ist von einer Reise mit kleinen Kindern unbedingt abzuraten. Jugendliche hingegen werden viele Freunde finden.

Wer mit Kindern den Jemen erkunden will, muß sicherlich eine ganze Reihe von Vorbereitungen und Vorsichtsmaßnahmen ergreifen, um diesen Aufenthalt auch wirklich zu einem Erfolg werden zu lassen. Die Tatsache, daß der Jemen ein überaus kinderreiches Land ist, darf nicht über die Gefahren und Strapazen einer derartigen Unternehmung hinwegtäuschen. Selbst im Lande lebende Ausländer lassen besondere Vorsichtsmaßnahmen walten. Die größten Probleme dürften dabei im gesundheitlichen Bereich liegen, da die hygienischen Verhältnisse mehr als einfach sind. Solange die Kinder noch bedenkenlos alles anfassen und die Finger in den Mund stecken, sind Krankheiten wie Hepatitis oder Ruhr echte Gefahren. Die Küstenregionen der Tihama und entlang des Golfs von Aden sind Malariagebiete, und selbst bei einem nur eintägigen Aufenthalt müßten sich die Kinder der Prophylaxe unterziehen. Auch in Fragen der Ernährung und der Qualität von Speisen und Getränken reagieren Kinder weitaus empfindlicher als Erwachsene. Zu guter Letzt sind die Hitze und die anstrengenden Fahrten Kindern kaum zuzumuten. Möglich, auch mit kleinen Kindern, wäre sicher ein Aufenthalt in Sana'a oder Aden in einem der drei großen Hotels. Größere Ausflüge und Spaziergänge außerhalb des Hotels wären aber auch hier nur sehr bedingt zu empfehlen.

kelam, kelam (Stift, Stift), soura, soura (Foto, Foto) –
die fast schon rituelle Kontaktaufnahme der Kinder

**T**rotz mehr als 1000 Kilometern Küstenlänge und herrlichem Wasser sind Badestrände nahezu unbekannt. Gebadet wird, wenn überhaupt, meist weit abseits.

Für sportliche Tätigkeiten im herkömmlichen Sinne wie Golf, Tennis, Reiten oder sämtliche Arten von Wassersport ist der Jemen denkbar ungeeignet. Nur ein verschwindend geringer Prozentsatz der Jemeniten kann sich derartige Luxusunternehmungen leisten. Auch im Alltagsleben hat Sport, wenn man von den wenigen Leistungssportlern absieht, keinen Stellenwert. Ausnahme ist Fußball, das aus Mangel an Bällen oft mit Blechdosen oder selbstgefertigten Stoffbällen gespielt wird. Wassersport in jeder Form ist für Jemeniten abwegig (die meisten können gar nicht schwimmen) und für Frauen natürlich absolut undenkbar. Wenn eine jemenitische Familie ans Meer fährt, dann zum Picknick oder um die Kinder am Strand planschen zu lassen.

Der strenge Moralkodex macht es auch für ausländische Besucher nicht leicht, trotz der kilometerlangen Sandstrände ins erfrischende Naß zu springen. Die wenigen Badestellen, die heute von Touristen für ein kurzes Bad aufgesucht werden, lie-

Traumstrand, aber leider ohne Schatten: Bir Ali

gen bis auf den Aden Beach Club allesamt weit entfernt von den Ansiedlungen. Bikinis und Badeanzüge werden von den Jemenitinnen als unschicklich empfunden, und keine Jemenitin würde nur im Traum daran denken, sich im Badeanzug der Öffentlichkeit zu zeigen. Reist man organisiert und kommt an einen der üblichen Badeplätze, kann man – nach schicklichem Umkleiden hinter den Dünen – getrost ins Wasser springen. Fahrern und **guide** sind die europäischen Badesitten vertraut. Aber auch hier sollte man den Anstand und die Höflichkeit wahren und dem Badeanzug vor dem Bikini den Vorrang geben. FKK ist selbstverständlich ein absolutes Tabu.

Im Palmenhain von Al-Khawkhah am Roten Meer wurde ein privates Touristencamp mit Palmhütten und Freiluftrestaurant eingerichtet. Der Strand ist weniger einladend, da ein abgestorbenes Korallenriff den Meeresboden bedeckt. Die schönsten Strände sind im Wadi Al-Mulkh zwischen Al-Mukha und Al-Khawkhah und in Bir Ali ungefähr 100 Kilometer vor Al-Mukalla. Der Aden Beach Club bietet den Besuchern neben einem löchrigen Haifischnetz auch Sonnenschirme und eine kleine Cafeteria. Hier treffen sich die Ausländer zum Strandbad. Die übrigen Strände von Aden sind zwar öffentlich und können durchaus von Männern besucht werden, für ausländische Frauen sind sie jedoch indiskutabel. Sowohl im Roten Meer als auch im Golf von Aden gibt es zahlreiche

Haifische von durchaus beachtlicher Größe. Man sollte es also tunlichst vermeiden, die flachen Uferregionen zu verlassen.

## Wandern und Radfahren

Wer nicht nur im Landcruiser sitzen mag und gerne auch einmal ein paar Stunden wandert, kann vor allem im Bergjemen wunderschöne Wanderungen – etwa über die Terrassenfelder des Jebel Haraz – unternehmen. Derartige Wanderungen sollte man aber im eigenen Interesse nicht allein machen, sondern sich einer einheimischen Agentur anvertrauen, die mit den lokalen Verhältnissen besser vertraut ist. Dies kann bedeutsam werden, wenn zwischen einzelnen Dörfern oder Familien Zwistigkeiten ausgetragen werden oder bestimmte Gebiete kurzzeitig nicht zugänglich sind. Bei längeren Wanderreisen wird das Gepäck von den Fahrern immer zum jeweiligen Zielort gebracht. Zeltübernachtungen sind bei Wanderungen meist obligatorisch. Zu den beliebtesten und sichersten Regionen gehört der Jebel Haraz bei Manakhah, das Gebiet zwischen Al-Mahwit und Shibam/ Kawkaban, der Jebel Hufash und der Jebel Bura'.

In den letzten Jahren sind in kleinerem Umfang Radwanderungen in Mode gekommen. Wer im Jemen mit dem Fahrrad (Mountain- oder stabilem Trekkingbike) unterwegs ist, braucht gute Nerven und viel Ausdauer. Auf Verständnis für seine Strapa-

**DEN JEMEN ERLEBEN**

zen wird er bei der Bevölkerung kaum stoßen. Die starke Sonneneinstrahlung, die schlechten Straßenverhältnisse und natürlich die Höhe vieler Orte über 2000 Meter lassen eine Radtour im Jemen zur Strapaze werden.

### Sportmöglichkeiten

Die zwei großen Hotels **Taj Sheba** und **Sheraton** in Sana'a und das **Aden Mövenpick** besitzen alle drei nach außen abgeschirmte Swimmingpools, die gegen ein geringes Entgelt auch von hotelfremden Personen benutzt werden können. Auch die **health clubs** der Hotels mit Sauna und Fitneßraum sind fremden Gästen zugänglich. Das Sheraton-Hotel und das Aden Mövenpick besitzen mehrere Tennisplätze, die im voraus gebucht werden müssen. Wer sich für jemenitischen Fußball interessiert, kann das Stadion in der Al-Kasr-Straße hinter dem Taj Sheba Hotel, das große Sportstadion in Sana'a oder das Stadion in Aden besuchen.

### Tauchen im Roten Meer

Seit geraumer Zeit bieten jemenitische Veranstalter die Möglichkeit, Tauchausflüge im Roten Meer bei den Hanesh-Inseln und in Soqotra zu unternehmen. Man sollte sich aber auf alle Fälle schon längere Zeit vor Abflug per Fax mit einer der darauf spezialisierten Agenturen in Verbindung setzen.

**ABM-Tours**
Ali Abu Monassar
Sana'a
P.O. Box 3365
Tel. 00 96 71/2 70 85 67
Fax 27 41 06

**Soqotra Tours**
Sana'a
P.O. Box 4177
Tel. 00 96 71/28 02 12 oder
28 01 32, Fax 28 02 13

**YATA**
Sana'a
Airport Road 142
Tel. 01/22 42 36, Fax 25 15 97

## DER BESONDERE TIP

**M**ohammed al-Magaleh betreibt zusammen mit der Agentur YATA als Pionier ein kleines Büro für Sportreisen. Al-Magaleh war selbst einmal Leistungs- und Profisportler und besitzt sämtliche notwendigen Lehrscheine. In seinem Angebot finden sich sowohl **Tauchexkursionen** im Gebiet von Al-Mukalla und den Hanesh-Inseln als auch **Drachenfliegen** und **Gleitschirmfliegen**, etwa vom Jebel an-Nabi Shuayib. Kontakte über YATA c/o Mohammed al-Magaleh, Tel. 01/22 42 36, Fax 22 42 77

**W**enn der erste Silberstreif des Neumondes sichtbar wird, beginnt ein neuer Monat und mit ihm eine neue islamische Festlichkeit.

Die wichtigsten Feste im Jemen richten sich nach dem islamischen Mondkalender, der nur Monatslängen von 29 und 30 Tagen kennt. Deshalb kommt die islamische Zeitrechnung im Gegensatz zu unseren 365 Jahrestagen auf 354 Tage im Jahr. Alle islamischen Feierlichkeiten wie etwa der Fastenmonat Ramadan richten sich nach dem Mondkalender, der im Abstand von 32,5 Jahren wieder für ein Jahr mit dem westlichen Kalender übereinstimmt. Dementsprechend verschieben sich auch die Feierlichkeiten mit dem kürzeren islamischen Kalender kontinuierlich jedes Jahr um rund elf Tage nach vorne.

Der arbeitsfreie, unserem Sonntag entsprechende Wochentag ist im Jemen der Freitag. Die zwölf islamischen Monate lauten:
– Muharram (30 Tage)
– Safar (29 Tage)
– Rabi al-Awal (30 Tage)
– Rabi ath-Thani (29 Tage)
– Jumada al-Ula (30 Tage)
– Jumada ath-Thania (29 Tage)
– Rajab (30 Tage)
– Shaban (29 Tage)
– Ramadan (30 Tage)
– Shawal (29 Tage)
– Dhu al-Qada (30 Tage)
– Dhu al-Hijja (29 Tage)

Die wichtigsten Feste im islamischen Kalender sind:
– Neujahrstag am ersten Tag des Monats Muharram
– der Geburtstag des Propheten Mohammed am 12. Tag des Monats Rabi al-Awal
– der Fastenmonat Ramadan
– das Fest des Fastenbrechens, Id al-Fitr, am Ende des Monats Ramadan
– das Opferfest, Id al-Kabir, im Monat Dhu al-Hijja
– der Beginn der großen Mekka-Wallfahrten am 10. Tag des Monats Dhu al-Hijja

Während bei privaten Feierlichkeiten die Jemeniten ausgiebigst feiern und nur zu gerne auch fremde Gäste begrüßen, begehen sie die religiösen Feierlichkeiten eher zurückgezogen. Eine Teilnahme bei religiösen Zeremonien in der Moschee ist völlig ausgeschlossen.

Nicht nur die Zählung der Monate, sondern auch die der Jahre weicht in islamischen Ländern von unserer christlichen Zeitrechnung ab. Das Jahr Null des islamischen Kalenders ist das Jahr der Hijrah, das Jahr also, in dem der Prophet Mohammed vor seinen Gegenspielern von Mekka nach Medina fliehen mußte (622 n. Chr.).

DEN JEMEN ERLEBEN

### Fest des Al-Aidarus

Im Monat Jumada ath-Thania wird in Aden das Fest des Stadtheiligen Al-Aidarus in der gleichnamigen Moschee im Stadtteil Crater gefeiert.

### Pilgerfahrt nach Qabr an-Nabi Huth

Im Monat Shaban findet das mehrtägige Pilgerfest zu Ehren des Propheten Huth in Qabr an-Nabi Huth im Wadi al-Masilah statt. Zu Tausenden strömen die Pilger aus dem ganzen Land zu der Stelle, an der Huth in einer Felsspalte verschwand.

### Fastenmonat Ramadan

Der Fastenmonat Ramadan ist zusammen mit der Wallfahrt nach Mekka das bedeutendste Ereignis im jährlichen Ablauf. Bis auf wenige Ausnahmen ist es im Ramadan untersagt, untertags Speisen zu sich zu nehmen. Dies bedeutet aber keineswegs, daß mit Einbruch der Dunkelheit nicht gegessen werden dürfte, und so machen die Jemeniten im Ramadan die Nacht zum Tage.

### Freitag der Hochzeitszeremonie

Die Hochzeitsfeierlichkeiten ziehen sich üblicherweise über mehrere Tage hin, wobei Männer und Frauen getrennt feiern. Der Freitag ist bei den mehrtägigen Hochzeitsfeierlichkeiten traditionell der Tag, an dem der Bräutigam zusammen mit den männlichen Mitgliedern beider Familien und den Freunden öffentlich feiert. An diesem Tag werden in der Gasse vor dem Haus des Bräutigams bunte Lichterketten gespannt, und man feiert abends mit einem rauschenden Fest und viel Tanz. Fast jeden Freitagvormittag treffen sich im Wadi Dhar bei Sana'a die Hochzeitsgesellschaften der Stadt. Begleitet von den Musikern ziehen die Familien auf den Felsen oberhalb des alten Imampalastes, die Männer tanzen dort den traditionellen Djamba-Tanz. Geschmückt mit einem Kranz aus Basilikum und wohlriechenden Blumen, bewaffnet mit dem Hochzeitsschwert und der Kalaschnikow, verfolgt der meist blutjunge Bräutigam das ausgelassene Treiben.

**TOP TEN 10**

---

## DER BESONDERE TIP

**K**eine Angst vor Reisen im Fastenmonat Ramadan
Eine Jemenreise im Ramadan erfordert zwar eine gewisse Disziplin in puncto Essen, birgt aber auch den Vorteil, die meisten Dörfer und Sehenswürdigkeiten ungestört erkunden zu können. Und noch ein Vorteil: Im Ramadan sind alle mehr als wohlgelaunt und gastfreundlich.

Beliebter Treffpunkt für Hochzeitsgesellschaften ist das Wadi Dhar

**D**er Franzose Paul Nizan schrieb über Aden: »Das Wiedererwachen des Vulkans von Aden, der in die Hölle führt, wird das Ende der Welt ankündigen.«

**Aden**

■ D 6

Paul Nizans Schilderung von Aden ist wenig einladend, und wer zum ersten Male nach Aden kommt, wird ihm wahrscheinlich recht geben. Aden wurde in den Buchten und an den Flanken eines großen schwarzen Vulkans erbaut, dessen eine Seite ins Meer abgebrochen ist. Blankes Lavagestein verhindert jegliche Vegetation, und fast nirgendwo kann man einen Baum oder ein Fleckchen Grün ausmachen. Die feuchte und salzige Seeluft läßt jeglichen Farbanstrich der Häuser innerhalb weniger Wochen verblassen und zersetzt unaufhaltsam Holz und Stein. Abgebrochene Holzbalkone, abgeblätterte Fassaden, fehlendes Grün, bittere Armut durch die letzten Kämpfe, zerstörte Häuser und dazu eine vor allem in den Sommermonaten unerträgliche Hitze und Luftfeuchtigkeit prägen das Bild. Kein Wunder, daß die britische Kolonialmacht, die 1839 den damals völlig unbedeutenden Küstenort besetzte, ihm das Attribut »the white men's grave« gab.

Abendlicher Blick auf Aden und den Stadtteil Malla

## Versprengt über den Vulkan

Ein geschlossenes Stadtbild kennt Aden nicht, die einzelnen Stadtteile verteilen sich auf die verschiedenen Bergseiten. Das alte Aden liegt in Crater, also mitten im Vulkan, und wer von hier aus die anderen Stadtteile erreichen will, muß über kleine Pässe oder Tunnels in die anderen Stadtteile fahren. **Crater** ist das arabische Aden der Händler und Kaufleute, ein Schmelztiegel zwischen Afrika, Arabien und Indien, mit einem bunten und geschäftigen Völkergemisch.

Das ehemals britische Aden, **Steamer Point**, wo die großen Dampfer und Frachtschiffe anlegten, liegt geschützt im nördlichen Bereich des Vulkans am neuen Hafen. Auch wenn klimabedingter Verfall und die arabische Nachlässigkeit dafür gesorgt haben, daß die meisten britischen Relikte heruntergekommen sind, ist die Präsenz des Empires noch überall spürbar. Das alte, geschichtsträchtige **Crescent Hotel**, in dem so manche berühmte Persönlichkeit auf dem Weg nach Indien abstieg, hält ebenso wie das **Aden Rock Hotel** nach außen hin die Stellung, auch wenn heute kein Europäer mehr dort einen Fuß hinsetzen würde. Die **anglikanische Kirche**, der **Clocktower**, der **Landungssteg** und die verblaßten Hausfassaden, an denen man mit etwas Mühe noch britische Produktwerbung erkennen kann, zeichnen ein skurriles, filmreifes Ambiente. Wenig einladend wirkt auch der Stadtteil **Malla**, der das alte Steamer Point und heutige **Tawahi** mit dem Nobelviertel **Khormaksar** verbindet. Einfallslose Betonbunker als Massenunterkünfte für Hafenarbeiter und ihre Familien bestimmen das Straßenbild.

## Aufbruch in eine moderne Zukunft

Aden ist wegen seiner strategisch besonders günstigen Lage nicht nur der wichtigste Seehafen des Jemen, sondern nach der Vereinigung auch wieder wirtschaftlich von wachsender Bedeutung. Große internationale Firmen gründen in Aden Niederlassungen, ein Trend, der sich fortsetzen wird, wenn Aden endlich den Sprung zur Freihandelszone geschafft hat. Rund um das Aden Mövenpick Hotel und die breite Prachtstraße liegen im Villenviertel die Botschaften und Niederlassungen ausländischer Firmen. Auf der Suche nach einem erfrischenden Bad im Meer finden Ausländer und Adanis Zuflucht in der geschützten **Gold Mohur Bucht**. Im **Beach Club** scheint die Zeit stillgestanden zu sein, und mit etwas Phantasie kann man sich hier gut eine britische Teegesellschaft vorstellen. Aden ist also eine vielschichtige Stadt. Und gerade das macht sie so liebenswert, denn mit etwas Energie und gutem Willen wird sie zu einem faszinierenden Ort werden, dem weitläufigsten und modernsten im Jemen auf alle Fälle.

## Hotels

Die Hotelsituation in Aden hinkt entscheidend der Entwicklung der Stadt nach. Ein zweites großes Hotel internationalen Standards wäre unerläßlich. Immerhin hat Aden aber auch das bestgeführte Hotel im Jemen, das Aden Mövenpick. Das zweite große Hotel, das Gold Mohur, wurde im Bürgerkrieg zerstört.

### Aden Mövenpick
Das Hotel verfügt nicht nur über luxuriöse Zimmer, Pool und Tennisplätze, ein gutes Restaurant und eine eigene Bäckerei, sondern auch über die einzige Bar im Jemen, die diesen Namen auch wirklich verdient. Jeden Tag zwischen 17 und 18 Uhr ist »happy hour«.
Aden-Khormaksar
P.O. Box 6111
Tel. 02/23 29 11 oder 22 12 51
Fax 23 29 47
168 Zimmer
Luxusklasse

### Motel ash-Shams
Nur wenige Gehminuten vom Strand der Gold-Mohur-Bucht entfernt, kann das Ash-Shams auch mit einem eigenen Restaurant mit einfacher, aber ordentlicher Küche aufwarten.
Gold-Mohur-Bucht
Tel. 02/20 30 80
16 Zimmer
Obere Preisklasse

## Spaziergang

Ein Spaziergang durch Aden gestaltet sich wegen der großen Distanzen schwierig. Wer Aden erkunden will, sollte sich zumindest die beiden Stadtteile **Crater** und **Tawahi** sowie die **Gold-Mohur-Bucht** ansehen. Die Wegstrecken zwischen den einzelnen Vierteln legt man am besten mit dem Wagen oder einem Taxi zurück.

Den Spaziergang durch den alten Stadtteil Crater beginnt man unterhalb der früheren anglikanischen Kirche. Die Hauptstraße **Queen Arwa**

Vorzeigebau jemenitischer Hotellerie: das Aden Mövenpick

Road führt fast direkt auf das General Post Office und das **Minarett** der nicht mehr erhaltenen Salama-Moschee zu. Dieses Minarett ist eines der wenigen baulichen Reste, die in Aden älter als 150 Jahre sind. Mitte des 19. Jh. ließen die Briten das nur aus einfachsten Hüttensiedlungen bestehende Aden völlig niederreißen und in Stein- und Holzbauweise neu aufbauen. Schräg gegenüber dem Post Office befindet sich ein französisches Kulturinstitut, das im früheren Wohnhaus des französischen Dichters **Arthur Rimbaud** untergebracht ist. Links vom Sportstadion kommt man an den früheren Palast des Sultans von Aden, in dem heute das Nationalmuseum untergebracht ist. Leider sind in den Wirren des letzten Bürgerkrieges wichtige Exponate gestohlen worden. Vom Strand aus bietet sich ein schöner Blick auf den alten Hafen, die ehemalige **Post Bay** und die Halbinsel **Sera**. Über die **Al-Aidarus Road** gelangt man direkt zur **Moschee** des Stadtheiligen Al-Aidarus,

die aber nur von außen besichtigt werden kann. Durch die geschäftigen Gassen des **Main Bazar** gelangt man an die **As-Saila Street**, die gleichzeitig auch der Überlauf der Zisternen ist. Folgt man ihr nach Westen zu in Richtung **Jebel Shamsan**, so erreicht man den üppig blühenden Park mit den aus himjaritischer Zeit stammenden **Zisternenanlagen**.

Wer einen Streifzug durch das britische Aden unternehmen möchte, beginnt am besten am Landungssteg **Steamer Point** in Tawahi. Folgt man der Hauptstraße stadteinwärts, so trifft man auf das frühere Luxushotel Crescent und das Aden Rock Hotel, geht man am Steamer Point stadtauswärts, so stößt man nach gut zehn Gehminuten auf die **St. Francis Church**, in der noch eine kleine christliche Gemeinde wirkt. Direkt gegenüber dem Landungssteg betreibt ein alter Buchhändler seit mehr als 45 Jahren sein kleines englisches Antiquariat – eine Fundgrube für Bücherfreunde.

## DER BESONDERE TIP

**D**er französische Lyriker **Arthur Rimbaud** verbrachte, nachdem er sich gänzlich von der Literatur abgewandt hatte, einige wilde und ruhelose Jahre in Aden und Harare (ehem. Salisbury). Von schlimmer Krankheit gezeichnet, ging er zurück nach Marseille, um sich dort behandeln zu lassen, setzte aber noch am Tag vor seinem qualvollen Tode alles daran, nach Aden zurückkehren zu können. Das französische Kulturinstitut hat mit einiger detektivischer Spürarbeit das Haus Rimbauds gefunden und restauriert. In seinen Räumen wurde ein sehr aktives **Kulturinstitut** eröffnet, in dem man auch eine Bibliothek findet. Stadtteil Crater (gegenüber dem Post Office), So–Do 9.30–13 und So–Mi 16.30–19 Uhr

## Sehenswertes

### Al-Aidarus-Moschee

Der Stadtheilige von Aden, Abu Bakr bin Abdullah al-Aidarus, kam um 1500 aus der heiligen Stadt Tarim nach Aden. Ihm zu Ehren findet jedes Jahr eine große Pilgerfahrt nach Aden statt. Die Moschee wurde 1859 auf den Fundamenten eines weitaus älteren, aus dem 14. Jh. stammenden Gotteshauses errichtet.

### Beach Club

Die Gold-Mohur-Bucht wurde wegen ihrer schönen Lage und des wunderbaren Strandes nach einer auffallend schönen indischen Münze, dem Gold Mohur, benannt. Sie ist nach wie vor der beliebteste Badestrand von Aden. Auch der früher noble britische Beach Club leistet bis heute seinen Dienst. Der Lack ist nur schon lange von den Holzfassaden abgeblättert, der Sprungturm ein rostiges Metallgerüst, und auf das Maschengitter zum Schutz gegen die Haifische sollte man sich auch nicht unbedingt verlassen. Trotzdem atmet der Beach Club noch britischen Geist und ermöglicht eine wundersame Zeitreise in die koloniale Vergangenheit. Gold-Mohur-Bucht

### Bohra Bazar und Main Bazar

Aden war der bedeutendste Brückenkopf zwischen Indien, Afrika und, nach dem Bau des Suezkanals, auch Europa. Die Kronkolonie Aden unterstand bis 1937 der Kolonialverwaltung in Bombay und nicht London. Der Bohra Bazar geht zurück auf indische Einwanderer, die vielfach der ismaelitischen Glaubensrichtung angehörten und sich im Zuge des Ost-West-Handels in Aden niederließen. Bis heute ist der indische Einfluß des Bazars in den Läden und Ständen spürbar. Der angrenzende Main Bazar bietet eine reichhaltige Auswahl an Frischprodukten und Obst, das weitgehend aus dem Wadi Bana stammt. Stadtteil Crater

Zwischen den Felsen des Jebel Shamsan liegen die Zisternen von Aden

## Steamer Point

Der Landungssteg im britischen Teil Adens, an dem einstmals die Passagiere der großen Dampfer an Land gingen, wirkt wie ein nettes und adrettes Spielzeughäuschen und ist das mit am besten erhaltene Stückchen kolonialer Vergangenheit.

## Turm des Schweigens

Aden besaß bis zur Vertreibung der Engländer eine große Parsengemeinde, die gemäß ihren Glaubensgrundsätzen ihre Toten in sogenannten »Türmen des Schweigens« bestattete. Nach der Revolution verließen die meisten Parsen das Land. Heute ist der oberhalb der Zisternen am Jebel Shamsan gelegene Turm des Schweigens dem Verfall preisgegeben. Mit ihm verschwindet langsam ein weiteres Stück der multikulturellen Vergangenheit Adens.
Stadtteil Crater

## Zisternen

1854 entdeckte durch einen puren Zufall der britische Captain Playfair am westlichen Rand des Stadtteils Crater riesige Zisternenanlagen, die gänzlich unter dem Dreck und Schutt der letzten Jahrhunderte verborgen lagen. Die Briten ließen die Zisternenanlage, deren Zulaufsystem weite Bereiche des Jebel Shamsan umfaßt, restaurieren. Rund 90 000 m³ beträgt das Fassungsvermögen der gestaffelten Zisternen, deren Überlauf in die As-Saila Street mündet. Die Zisternen von Aden belegen ebenso wie der Staudamm von Marib oder andere historische Damm- und Kanalsysteme die ausgefeilten Kenntnisse der Südaraber hinsichtlich der Wassertechnologie. Den Zisternen vorgelagert ist ein botanischer Garten, in dem sich unter anderem ein kleines Mausoleum befindet.
Stadtteil Crater

## Museen

### Militärmuseum

In der As-Saila Street liegt das Militärmuseum, das die typischen Exponate eines derartigen Museums wie etwa Zeugnisse des Unabhängigkeitskampfes gegen die britischen Kolonialherren aufzubieten hat. Im Innenhof steht noch die Statue der Königin Victoria, die sich früher einmal im Park gegenüber dem Hotel Crescent befand.
Fr–Mi 9–13 und 16–18 Uhr

### Nationalmuseum

Im Palast des Sultans von Aden ist das einstmals südjemenitische Nationalmuseum untergebracht. Prunkstücke der Sammlung sind die Königsstatuen aus dem südarabischen Königreich Aussan, die nahezu die einzigen Fundstücke aus dieser Epoche darstellen. Selbst die damalige Hauptstadt des von den Sabäern zerstörten Hajar an-Nab im Wadi Makhah ist nur ungenau lokalisiert. Neben den Alabasterstatuen finden sich unter den Exponaten recht interessante Fundstücke aus anderen historischen Grabungen, die teilweise noch unter britischer Federführung durchgeführt wurden, sowie Exponate aus der islamischen Zeit und ein Stadtmodell von Shibam im Wadi Hadramaut. Das in den oberen Räumen untergebrachte Volkskundemuseum ist zur Zeit nicht zu besichtigen. Im Foyer des Museums liegt eine mehrere Seiten lange Liste der während des letzten Bürgerkrieges gestohlenen Exponate aus.
Sa–Do 9–13 und 16–18 Uhr
Eintritt 30 Rial

## Essen und Trinken

Wer nicht unbedingt in einer der Garküchen essen will, dem bleibt eigentlich nur das noble Restaurant des Mövenpick-Hotels. Garküchen und einheimische Restaurants finden sich in allen Stadtteilen, besondere Empfehlungen sind dabei aber nicht zu machen.

### Aden Mövenpick
Das Restaurant des Mövenpick-Hotels bietet internationale Küche in gehobenem Standard. Meistens wird abends ein Buffet serviert.
Khormaksar
Tel. 02/23 29 11 oder 22 12 51
Fax 23 29 47
Luxusklasse

### Ching Sing
Eines der kosmopolitischen Relikte Adens. Gute chinesische Küche. Unbedingt vorher reservieren.
Stadtteil Malla
Al-Madram Street
Tel. 02/4 30 16
Obere Preisklasse

## Einkaufen

Aden ist weitgehend von touristischen Silberläden verschont geblieben. Wer sich auf koloniale Spurensuche begeben möchte, muß in den staubigen Schuppen und Läden rund um den Steamer Point stöbern. Mit viel Glück findet man eine Zuckerzange aus Hotelsilber, einen alten Aschenbecher oder englische Kinderbücher.

## Service

### Tourism Department
Madkam Street
Stadtteil Malla
Tel. 02/22 11 46 oder 4 34 75
Fax 22 11 48

# Ausflugsziele

Aden ist meistens nur ein Zwischenstopp auf dem Weg von Al-Mukalla nach Taizz und als Ausgangspunkt für Ausflüge wenig geeignet.

## Ad-Dali ■ C 5

Die beiden Orte Ad-Dali und Qa'tabah waren während der Kolonialzeit Rückzugsgebiete, in die sich die Kolonialbeamten vor der unerträglichen Hitze in Aden flüchteten. Heute erinnert nichts mehr an diese Zeit, und außer daß hier einmal die Grenze zwischen Nord- und Südjemen verlief, gibt es wenig Interessantes über sie zu berichten. Beide Dörfer sind aber ein wichtiger Durchgangsort für all diejenigen, die entweder über die wunderschöne Moschee Najd al-Jumai nach Ibb oder über den reizvollen Oberlauf des Wadi Bana nach Hammam Damt (Thermalbad und Sinterkrater) nach Yarim wollen.

## Lahj ■ D 6

Lahj liegt im Oberlauf des Wadi Tuban, das in der regenreichen Region um Ibb entspringt. Das häufig wasserführende Wadi ermöglicht eine intensive Landwirtschaft und ist gleichzeitig auch ein wichtiger Bestandteil der Trinkwasserversorgung von Aden. Im Bürgerkrieg 1994 bezogen die Nordjemeniten nördlich von Lahj Stellung und sperrten hier die Wasserzufuhr Adens. Der Palast des Sultans von Lahj und die Ash-Shaab-Moschee lohnen einen kurzen Stopp.

# Lawdar ■ E 5

Vor allem die jungvulkanische Landschaft zwischen Ash-Shuqrah und Lawdar ist sehenswert, denn hier wächst auf der schwarzen Lava wirklich nichts mehr. Mehrere Vulkankrater und weitauslaufende Lavaströme vermitteln den Eindruck, als ob man im Vorhof der Hölle gelandet wäre. Lawdar selbst war einstmals Sitz eines Stammesfürsten, bietet aber keinerlei Sehenswürdigkeiten. Um so spektakulärer hingegen ist die Straße, die von der Ebene von Lawdar in steilen Serpentinen zum 2250 m hohen Paß Naqil Thirah führt. Bei klarem Wetter hat man hier einen weiten Ausblick über die Ebene und die Küste des Golfes von Aden. Die neue Teerstraße ermöglicht eine rasche Weiterfahrt nach Al-Bayda und Rada.

# Wadi Bana ■ C 5/D 6

Das Wadi Bana ist eines der wenigen ganzjährig wasserführenden Wadis und hat seinen Quellursprung in der Region um Yarim. In seinem Unterlauf, vor allem nahe dem Ort Zinjibar, kommt man an großen Papaya- und Baumwollplantagen vorbei. Im Wadi Bana war schon zu britischer Kolonialzeit ein großes Baumwoll-Anbaugebiet, das nicht nur den Rohstoff für den im Süden überall bevorzugten futah, den von Männern getragenen Wickelrock, lieferte, sondern das auch in großen Mengen die großen Webereien in England belieferte. Die Baumwollproduktion spielt heute nur noch eine untergeordnete Rolle, und die meisten Stoffe kommen inzwischen aus Fernost. Das Wadi Bana aber ist ein gutes Beispiel dafür, welch große landwirtschaftlichen Erfolge man im Jemen mit ein bißchen Wasser erzielen kann.

In der Gold Mohur Bucht dümpelt ein Schiffswrack

**M**örderisch heißes Klima prägt das Leben in der Küstenregion am Roten Meer. Wegen der großen Hitze verläuft alles einen Gang gemächlicher.

## Al-Hudaydah und die Tihama

■ B 4/B 6

Der Landstreifen zwischen den steilen Flanken des Bergjemen und dem Küstenverlauf des Roten Meeres trägt den Namen **Tihama**, was gleichbedeutend ist mit heißer Erde. Das flache, oft versteppte oder gar wüstenhafte Schwemmland geht im Osten langsam über in die Hügel der Gebirgstihama, die an die Ausläufer des Bergjemen heranführt. Diese parallel zur Küste verlaufende Bergkette staut Tag für Tag die sich über dem Roten Meer bildenden Wolken über der Tihama auf und sorgt für ein heißes Klima mit extrem hoher Luftfeuchtigkeit. Vor allem in den Monsunmonaten wird das Leben in der Tihama nahezu unerträglich, denn bei Temperaturen um 45 Grad und fast 100 Prozent Luftfeuchtigkeit macht selbst der stärkste Kreislauf schlapp. In der Tihama wird der Einfluß des Nachbarkontinents Afrika deutlich. Die kralartigen Dörfer erinnern ebenso an afrikanische Hüttendörfer wie das negroide Äußere ihrer Bewohner. Im Gegensatz zu den Frauen des Berglandes gehen die Tihamafrauen unverschleiert und kleiden sich oft, ganz in afrikanischer Tradition, mit leuchtend bunten Tüchern. Nur noch selten sieht man die traditionellen indigogefärbten Kleider der Frauen aus Zabid oder Bayt al-Faqih, deren kunstvoll gestickte Borten und Kragen die ganze handwerkliche Kunstfertigkeit der Tihama zeigen.

### Al-Hudaydah

Die Hafenstadt Al-Hudaydah ist eine nach europäischem Vorbild errichtete moderne Stadt, und nur noch wenige Häuser weisen in die Tage zurück, als hier die türkischen Kolonialherren residierten. Der **Gouverneurspalast** ist ebenso vom salzigen Seewind zerfressen wie die einstmals prachtvollen Fassaden entlang der Uferpromenade. Im Suk erinnert nur noch das massige **Bab as-Sarif** daran, daß Al-Hudaydah wie viele jemenitische Städte einmal befestigt war. Heute wird Al-Hudaydah von Reisenden vorwiegend als Zwischenstopp auf der Fahrt von **Manakhah** nach **Taizz** oder als Ausgangspunkt für Erkundungen in der **Tihama** angefahren. Die Tihama ist Malariagebiet, eine Malariaprophylaxe ist empfehlenswert.

In den stillen Tihamadörfern wird es am Markttag recht lebendig

## Hotels

### Ambassador
Einfaches Hotel mit klimatisierten Zimmern, dafür aber weitgehend ohne Fenster. Eigenes Restaurant in einem mondänen Speisesaal. Alkoholausschank.
Sana'a Street
Tel. 03/23 12 47
35 Zimmer
Obere Preisklasse

### Bristol
Ebenfalls wie im Ambassador besitzen auch die meisten Zimmer des Bristol Klimaanlage. Ein eigenes Restaurant ist auch vorhanden.
Sana'a Street
Tel. 03/23 91 97
30 Zimmer
Obere Preisklasse

### Taj Aussan
Mit Abstand das beste Hotel in Al-Hudaydah. Natürlich mit Aircondition und einem guten Restaurant.
Sana'a Road
Tel. 03/21 25 70, Fax 21 25 77
50 Zimmer
Obere Preisklasse

## Sehenswertes

### Altstadt
Für einen Spaziergang zum Markt kann man ruhig die frühen Abendstunden abwarten, denn in der heißen Tihama haben die Suks bis spät in den Abend hinein offen. Auch die Katstunde beginnt hier meist erst mit einsetzender Dunkelheit und nicht wie sonst gleich nach dem Mittagessen. Empfehlenswert ist ein Rundgang durch den abends schummrig beleuchteten Suk zum Bab as-Sarif und ein kurzer Spaziergang entlang der Hafenpromenade.

## Essen und Trinken

Wer sich nicht scheut, sein Mittagessen auf Zeitungspapier am Fußboden serviert zu bekommen, sollte die Garküchen am Bab as-Sarif aufsuchen. Hier stehen in großen Holzkohlebecken unzählige dampfende Töpfe, und gerne zeigt Ihnen der Koch seine vielfältigen Variationen von Fischgerichten.

Die Fabrik für Molkereiprodukte Yemeni liegt außerhalb von Hudaydah an der Straße nach Zabid.

## DER BESONDERE TIP

Der morgendliche **Suk az-Zamek**, der **Fischmarkt am Dhauhafen**, etwas außerhalb von Al-Hudaydah, bietet die ganze Artenvielfalt des Roten Meeres. Hier kann man dabei zusehen, wie aus den hölzernen Dhauen Mantas, Blauhaie und riesige Rochen entladen werden. Man kann sich für den Abend mit bestem Hummer oder frisch gefangenem Thunfisch eindecken oder sich einfach nur in einer der Garküchen ein paar kleine Fische braten lassen.

## Ausflugsziele

### Bajil ■ B 4

Mitten in der unwirtlichen Steppenlandschaft zwischen Bergtihama
und Küstenstreifen liegt Bajil an der
vielbefahrenen Straße Sana'a–Al-
Hudaydah. Auch wenn man es beim
Durchfahren nicht vermutet: Der
Suk und die Altstadt sind durchaus
sehenswert, besonders am Mittwoch, wenn Markttag ist. Rund um
Bajil gibt es bis heute nicht aufge-
löste Flüchtlingslager für die aus
Saudi-Arabien vertriebenen jemenitischen Gastarbeiter. Wer hierher
kam, hatte keinerlei familiäre Bin-
dungen mehr im Jemen. Vielen der
Familien gelang der Absprung aus
dem Elend der Vertreibung nicht.
Bis heute finden sich rund um die
Stadt Slumsiedlungen. Das sowieso
wenig gesunde Tihamaklima wird
durch die große Zementfabrik, deren
Staubwolken kräftig gen Himmel
steigen, nicht unbedingt besser.

## Bayt al-Faqih ■ B 5

Der Ort war während der Blüte
des jemenitischen Kaffeemonopols
Hauptlager für den aus den Berg-
regionen angelieferten Kaffee. Das
Haus des Gelehrten, so der Name
der Stadt, ist heute berühmt für seine Weber. Sowohl die Futah-Pro-
duktion als auch die Indigo-Färberei-
en waren früher eine der Hauptein-
nahmen der Tihama. Heute wird ma-
schinell produziert, und die wenigen
Familien, die hier noch mit ihrem
archaischen Webstuhl in mühseliger
Handarbeit ihre festen und mit
leuchtenden Streifen verzierten Stoffe herstellen, produzieren vornehmlich für die Touristen. Wer Dreck
und Abfall nicht scheut, sollte der
Altstadt und dem Suk einen Besuch
abstatten. An einigen Häusern kann
man noch den geschmackvollen
Fassadenschmuck, den sogenannten Tihama-Dekor, erkennen. Der
mit Tüchern und Strohmatten über-
dachte Suk ist wie viele Tihama-
märkte: urtümlichst und sehr staubig.

Wochenmarkt in Bayt al-Faqih

47

SEHENSWERTE ORTE UND AUSFLUGSZIELE

## Al-Khawkhah ■ B 5

Der Palmenhain von Al-Khawkhah ist einer der wenigen Orte, an denen man einigermaßen unbedenklich baden kann, da die Haie durch ein vorgelagertes Riff abgehalten werden. Der Strand ist aber sehr verschmutzt und der Meeresboden an den meisten Stellen durch abgestorbene Korallen und Kalkschlamm eher ungemütlich. Unter den Palmen wurden Unterkünfte im Stil eines Hüttendorfes errichtet, Brunnen für Süßwasser gegraben und ein Restaurant eingerichtet. Das von YATA betriebene Camp von Al-Khawkhah, ebenfalls mit den für die Tihama typischen Hütten ausgestattet, liegt rund 10 km südlich des Ortes Al-Khawkhah. Geschlafen wird in diesen Camps auf typischen geflochtenen, hochbeinigen Tihamaliegen. Außer dem Palmenstrand bietet Al-Khawkhah keinerlei Sehenswürdigkeiten.

### Hotels und andere Unterkünfte

Einfache Hüttenunterkunft, direkt am Strand.
Al-Khawkhah
Tel. 0 39/66 30 84
ca. 20 Hütten
Mittlere Preisklasse

**Yata Camp**
Großes Camp, ca. 10 km südlich von Al-Khawkhah, ca. 40 Hütten, Speisesaal, gute sanitäre Anlagen, zu buchen über die Agentur Yata in Sana'a.

## Al-Mukha ■ B 6

Das Klima in Al-Mukha ist mörderisch, spätestens ab 11 Uhr bläst ein derartig heißer Sturmwind, daß man kaum über die Straße gehen kann, und die Temperatur ist ebenso wie die Luftfeuchtigkeit entsprechend hoch. Mukha ist also kein Ort zum Verweilen. Dennoch sollte man – möglichst wegen der Flut am Vormittag – die landschaftlich reizvolle

Die Männer von Al-Khawkhah gehen mit einfachen Booten auf Fischfang

Fahrt von Al-Khawkhah nach Al-Mukha entlang der Strandpiste unternehmen. In einer Bucht nahe dem Wadi al-Mulkh kann man noch einmal ungestört ins Wasser springen und baden.

Der Ort, der dem Kaffee bei uns seinen Namen gab, nämlich Mokka, ist heute ein trauriges Relikt alter Zeiten. Fast sämtliche Kontore und Handelshäuser sind in sich zusammengestürzt. Die aufwendig geschmückten Fassaden sind abgeblättert, und die kunstvoll geschnitzten Türstöcke, Fenster und Balkone wurden von der salzigen Seeluft in Pappmaché verwandelt. Nur das Minarett der Moschee und die Moschee des Stadtheiligen Ash-Shadili, eines heiligen Mannes, der Fremden das ungewohnte Getränk Kawa (Kaffee) anbot, trotzen unerschütterlich dem mörderischen Klima. Mukha war aber nur der Verladehafen für die jemenitische Kaffeeproduktion, und erst kurz bevor der alljährliche Monsunwind einsetzte und die Schiffe gen Norden ins Rote Meer

segeln konnten, wurden die Kaffeesäcke von Bayt al-Faqih auf Eselskarawanen nach Mukha gebracht. Heute spielt die Kaffeeproduktion wirtschaftlich eine nur sehr unbedeutende Rolle. Mukha ist heute vor allem wegen seines ausgebauten Hafens und des Kraftwerks von Bedeutung, ein touristischer Besuch dient nur der Erinnerung an die Zeit des Kaffeemonopols. Rund um Al-Mukha und die Kreuzung Al-Mafraq bieten Schmuggler Whisky und Bier zum Verkauf an, was natürlich strafbar ist – auch Ausländer sollten sich besser nicht beim Kauf erwischen lassen.

## Zabid ■ B 5

Die Stadt an der Straße von Al-Hudaydah nach Taizz ist ein absolutes Muß und einer der Höhepunkte einer Jemenreise. Aufgrund der vielen Scherbenfunde wird hier schon in der vorislamischen Periode eine wichtige Ansiedlung vermutet, und der legendäre, von antiken Schrift-

Schön gearbeiteter Fensterfries in Al-Mukha

stellern erwähnte Rotmeerhafen Okelis soll an der damals nur wenige Kilometer entfernten Küste gelegen haben. Gegründet wurde die Stadt im Jahre 10 der Hidjrah, also 632, als der dortige Scheich mit seinen Gefolgsleuten zum Islam übertrat. Zabid gewann bald an Bedeutung, wurde unter den Abbasiden von Damaskus als Provinz belehnt, und um 819 begann man bereits mit dem Bau einer befestigten Stadtanlage. Einige lokale Dynastien wählten Zabid als Regierungssitz ihrer parallel zum zaiditischen Norden sich etablierenden Machtbereiche aus, sogar die aus Rada stammenden Yafiriden residierten zeitweise in Zabid. In der Stadt wurde eine schafiitische Universität gegründet, die bis zum Bau der Al-Ahzar-Moschee in Kairo bedeutendstes Zentrum dieser Glaubensrichtung war. Als Hort der schafiitischen Gelehrsamkeit gab es über 80 Koranschulen in Zabid. Die Rasuliden vergrößerten die Universität auf etwa 5000 Studienplätze. Ebenso wie die ägyptischen Mamelucken zogen auch türkische Besatzungstruppen in der wechselvollen Geschichte der Stadt ein. Als Carsten Niebuhr 1763 nach Zabid kam, fand er es als relativ unbedeutende Tihamastadt vor, in der weite Teile der Stadtmauer abgetragen waren. Die heute streckenweise noch vorhandene Befestigung stammt aus der zweiten türkischen Besatzungszeit. 1918 wurde Zabid endgültig dem zaiditischen Königreich zugesprochen, die Universität 1950 von Imam Ahmed geschlossen. Zabid ist im Bereich der Altstadt fast völlig in einem für die Tihama typischen Baustil erbaut: Hohe, schmucklose Mauern aus gebrannten Lehmziegeln verbergen die einzelnen Gehöfte und Wohnhäuser, deren Fassaden im Gegensatz zur kahlen Mauer oft prächtigst mit Ziegeldekor und Schmuckornamenten verziert sind. Das Innere der Häuser ist farbenprächtig ausgestaltet, die Holzdecken sind teilweise bunt bemalt. Im **mafradj** findet man anstelle der Sitzkissen hochfüßige Liegen, auf denen man sich zur Katrunde trifft. Für einen Rundgang in Zabid sollte man ruhig drei bis vier Stunden einplanen, eine Übernachtung ist weniger empfehlenswert.

## DER BESONDERE TIP

**D**er **Wochenmarkt von Bayt al-Faqih** ist der mit Abstand lebhafteste und größte Wochenmarkt der Tihama. Wer es irgendwie einrichten kann, sollte am frühen Freitagvormittag hierherkommen. Angeboten wird wie immer und überall alles, was man nur irgendwie verkaufen kann. Wer sich für Flechtarbeiten interessiert, findet in Bayt al-Faqih eine große Auswahl. ■ B 5

## Sehenswertes

### Al-Asharia-Moschee

Die große Moschee von Zabid ist eine der schönsten Moscheen, und mit etwas Glück und **bakshish** kann man den Imam überreden, daß er eine Besichtigung erlaubt. Die Moschee hat eine besonders schöne und harmonisch gestaltete Säulenhalle, und streckenweise schimmert noch die ursprüngliche Bemalung der Holzdecke durch. Vom Dach der Moschee hat man einen guten Blick über die Häuser und die Palmenhaine vor den Toren der Stadt.

### Al-Qasr

Das am Hauptplatz stehende, wuchtige Fort stammt aus der osmanischen Zeit und kann trotz des Militärpostens besichtigt werden. Im Innenhof sind in einem Seitengebäude die Ergebnisse archäologischer Grabungen ausgestellt, die vor den Toren der Stadt durchgeführt wurden. In die Festungsanlage integriert ist die Iskandria-Moschee.

### Stadtmauer und Stadttore

Weite Teile der Stadtmauer waren bereits abgetragen, als 1762 Carsten Niebuhr mit der königlich-dänischen Expedition nach Zabid kam. Niebuhr erwähnte in diesem Zusammenhang auch eine nicht mehr funktionierende Wasserzuleitung, die Zabid mit Trinkwasser versorgte. Erhalten sind bis heute jedoch die vier wuchtigen Stadttore, das **Bab as-Saba** im Osten, das **Bab as-Shiham** im Norden, das »Palmentor« **Bab an-Nachal** im Norden und im Süden das **Bab al-Jemen**. Das Bab al-Jemen kann über eine Brücke bestiegen werden.

### Suk

Der Suk von Zabid ist dreckig, staubig und sehenswert, denn er ist weitgehend sehr urtümlich geblieben und trotz der vielen Besucher, die Tag für Tag nach Zabid kommen, noch ohne Silberläden.

Nach der Ernte werden die Sorghumgarben aufgestapelt

**N**ebelschwaden ziehen vom Roten Meer über die steilen Terrassen. Im Wechselspiel zwischen Sonne und Wolken tauchen trutzige Wehrdörfer auf.

## Manakhah und der Bergjemen

■ B 4/C 4

**TOP TEN 3**

Der Jebel Haraz und seine steinernen Wehrburgen dürfen in keinem Jemenbericht fehlen, denn sie haben wahrscheinlich am intensivsten von allen Landschaften das Jemenbild geprägt. Bis auf eine Höhe von fast 2500 Meter reichen die mühevoll über Jahrhunderte errichteten Terrassenfelder der Bauern.

gende Manakhah ist ein guter Ausgangspunkt für eine Wanderung rund um den Jebel Haraz und kann von Sana'a problemlos mit einem gemieteten Taxi oder dem Überlandbus erreicht werden. Manakhah liegt an der direkten Verbindung zwischen Al-Hudaydah und Sana'a, und ein großer Teil des Warenverkehrs rollt über die Landstraße.

### Uraltes Kulturland

Heute wird hier meist nicht mehr Kaffee angebaut, sondern vorwiegend Getreide, Sorghum und natürlich Kat. Die ständig vom Roten Meer aufsteigenden Wolken sorgen für genügend Feuchtigkeit für eine intensive Bewirtschaftung der Terrassen. Vor allem rund um **Manakhah** und den Jebel Haraz haben sich vorwiegend ismaelitische Familien dem Zugriff der zaiditischen Imame entzogen und in ihren steinernen Burgen verschanzt. So entstand über die Jahrhunderte hinweg eine einmalige Landschaftskomposition aus steilen Bergflanken, trutzigen Steinburgen und leuchtend grünen Terrassenfeldern. Das fast auf 2500 Meter Höhe lie-

### Handelszentrum Manakhah

Schon zur Zeit der türkischen Besatzung war Manakhah ein bedeutender Handelsort und Umschlagplatz, ein befestigtes Fort sollte die wichtige türkische Nachschublinie vom Rotmeerhafen in die Hauptstadt sichern. Auch heute ist Manakhah ein bedeutsamer Marktflecken geblieben und spielt für die Dörfer der Umgebung eine zentrale Rolle. Die meisten Häuser in Manakhah sind neueren Ursprungs, der einstige Suk hat weitgehend ausgedient und seine Stellung an die Läden rund um den Hauptplatz, der gleichzeitig auch der örtliche Fußballplatz ist, abgegeben. In Manakhah gibt es mehrere einfache Funduks.

Überirdisch: wolkenverhangene Bergfestung im Jebel Haraz

SEHENSWERTE ORTE UND AUSFLUGSZIELE

### Hotel

**Funduk al-Askari**
Vorwiegend von Gruppen besuchter einfacher und moderner Funduk mit einer ordentlichen und wohlschmeckenden Küche. Ein romantischer Ableger des Funduks liegt im alten Ortsteil von Manakhah, ist aber wegen der mangelnden Hygiene nur im Notfall zu empfehlen.
An der Hauptstraße am Ortseingang
12 Zimmer

## Ausflugsziele
## Al-Hajarah　　■ B 4/C 4

Rund 3 km westlich von Manakhah liegt der besonders trutzige und imposante Ort Al-Hajarah gleich einer steinernen Festung uneinnehmbar auf einer Felskuppe. Wie eine geschlossene Front stehen die einzelnen Häuser dichtgedrängt und lückenlos nebeneinander. Ein Dickicht aus Opuntien überzieht die Felswände und macht so das Dorf für Angreifer uneinnehmbar. Dies mußten auch die türkischen Besatzer erfahren, die zwar in Manakhah Fuß fassen konnten, sich an Al-Hajarah aber die Zähne ausbissen. Heute wird das Dorf vor allem von Reisegruppen belagert, und die wirklich unzähligen Kinder von Al-Hajarah begleiten die Fremden durch ihr Dorf und singen dabei händchenhaltend in allen nur erdenklichen Sprachen der Welt »Frère Jacques«. In Al-Hajarah gibt es einen einfachen Funduk gleichen Namens, der von Universal betrieben wird (direkt über das Universal-Büro in Sana'a zu buchen → S. 85).

## Houdaib　　■ C 4

Der ismaelitische Pilgerort liegt an der Südseite des Jebel Haraz inmitten einer faszinierenden landschaftlichen Szenerie und ist entweder über eine Schotterpiste (ca. 1 Std.) oder zu Fuß (3 Std.) von Manakhah aus erreichbar.

## Kahil　　■ C 4

Das fast verlassene Bergdorf liegt oberhalb von Manakhah, rund eine Stunde Gehzeit entfernt. Von Kahil aus eröffnet sich ein unglaublicher 360-Grad-Panoramablick nach allen Seiten.

## Al-Mahwit　　■ B 4

Auf der mit deutscher Entwicklungshilfe fertiggestellten Straße Shibam–Al-Mahwit kommt man in gut drei bis vier Stunden von Sana'a in die aufstrebende Provinzstadt. Die Fahrt ist landschaftlich besonders reizvoll und führt von den staubigen und trockenen Schotterebenen rund um Sana'a ins grüne Wadi Rujum und weiter in die fruchtbare Region um Al-Mahwit. Auf einer anstrengenden, aber lohnenswerten Ruckelpiste kommt man von Al-Mahwit hinunter ins Wadi Sharis und, immer dem dicht mit Schilf bestandenen Wadi folgend, weiter nach Khamis Bani Sad an der Straße Al-Hudaydah–Sana'a.

## At-Tawilah　　■ C 4

Das reizvolle, »die Lange« genannte Städtchen liegt zwischen Shibam und Al-Mahwit, gut zwei Fahrstunden von Sana'a entfernt. Neben den schönen Steinbauten macht vor allem der noch sehr ursprüngliche Suk es lohnenswert, der »Langen« einen Besuch abzustatten.

W ahrlich, Saba hatte in ihren Wohnungen ein Zeichen: zwei Gärten, einen zur Rechten und einen zur Linken...

## Marib und der Ramlat as-Sab'atayn
■ D 4/F 4

Die 34. Koransure berichtet von der Oase Marib, dem Königreich der Sabäer und den Folgen ihrer Gottlosigkeit, nämlich dem großen Dammbruch, der zur Verödung der Oase führte. Hintergrund dieser Sure ist aber weniger ihre Gottlosigkeit als die Verlagerung der Weihrauchstraße vom wüstenhaften Landesinneren auf den leichteren Seeweg und der daraus resultierende Machtverfall des Sabäischen Reiches. Nachdem über viele Jahrhunderte hinweg die Sabäer die führende Macht im südarabischen Raum waren, wurden sie ab 120 v. Chr. zunehmend von den aus der Gegend um Yarim stammenden Himjariten unter Druck gesetzt und letztlich verdrängt. Ab dem 3. Jahrhundert n. Chr. war Marib lediglich aufgrund seiner Tempel noch von religiöser Bedeutung. Begonnen hatte der Aufstieg der Sabäer mit der Domestizierung des Kamels und der daraus entstandenen Möglichkeit, große Lasten über weite Strecken zu transportieren. Die Wegstrecke verlief dabei in der Übergangszone der Wüste in die Randzonen der Berge, denn hier herrschten in den mit Aka-zien und Dornsträuchern bestandenen Steppen die idealen Lebensbedingungen für die Kamele. Das gewinnbringendste Handelsgut waren Weihrauch und andere in der Alten Welt und Ägypten höchstbegehrte Harze wie Myrrhe. Das so entstandene Handelsmonopol der südarabischen Königreiche sicherte ihren Priesterherrschern unermeßliche Reichtümer. Die wichtigsten Stationen dieser Handelsstraße lagen, von Nord nach Süd gesehen, alle entlang dem Ramlat as-Sab'atayn: Ma'in und Baraqish (Minäer), Marib (Saba), Timna (Qataban), Hajar an-Nab (Ausan), Shabwah (Hadramaut).

**TOP TEN 5**

### Der sagenhafte Reichtum der Sabäer

Ein Zeichen dieses unermeßlichen Reichtums sind die Legenden und Sagen um die Königin von Saba und ihren Besuch bei König Salomon. Die goldbeladene Karawane, mit der die Herrscherin von Saba zu Salomon aufbrach, ist aber eher ein Bild für die blühenden Handelsbeziehungen als eine tatsächliche Begebenheit, denn so schön auch die

Alt-Marib verfällt: seit den 80er Jahren ist das Dorf verlassen

Legenden und Geschichten um die Königin von Saba sind, ihre Existenz ist nicht belegt. Tatsächlich aber spielt diese legendäre Begegnung eine wichtige Rolle in der jüdischen, christlichen und auch der islamischen Welt.

Grundlage für die Existenz einer Königs- und Handelsstadt war eine optimal funktionierende Landwirtschaft, welche durch die einmaligen Leistungen des Dammbaus im Wadi Adhana ermöglicht wurde. Es mag heute angesichts des wüstenhaften Charakters rund um Marib als eine um so größere Leistung bewertet werden, daß Marib in seiner Blütezeit eine Einwohnerzahl von rund 50 000 Bewohnern hatte. Die Ursprünge der Bewässerungssysteme am Ausgang des Wadi Adhana gehen rund 3000 Jahre zurück und belegen den hohen technologischen Standard der Sabäer in Fragen der Wasserwirtschaft. Mit dem Machtverfall waren aber auch nicht mehr die nötigen Strukturen gegeben, um den gewaltigen Dammbau zu warten. Die im Koran geschilderte Katastrophe war unabdingbar. Trotz der Grabungen von Wendell Phillips im Jahre 1952 und den jüngsten Grabungen des Deutschen Archäologischen Institutes steht man in Marib erst am Anfang. Ob sich nun der Palast der Königin von Saba tatsächlich wie vermutet unter dem Schutthügel des alten Dorfes Marib verbirgt, ist bis heute nicht geklärt. Die große Anzahl der Spolienfunde legt diese Vermutung aber nahe.

## Erdöl und Erdgas als Garant für neuen Wohlstand?

Das moderne Marib hat mit den schönen und märchenhaften Geschichten der Königin von Saba wenig zu tun. Marib gehört mit zu den wilden Ecken des Jemen, in denen sich Stämme und Beduinen wenig um die staatlichen Strukturen kümmern, sondern vielmehr nach ihren eigenen Gesetzen leben. Die Erdölfunde im Marib-Shabwah-Becken und die Präsenz der ausländischen Erdölfirmen haben einen ständigen Spannungsherd zwischen den Stämmen, den Firmen und der Regierung in Sana'a zu Folge. Kidnapping und Schießereien gehören schon fast zum Alltag der Erdölarbeiter, und in den letzten Jahren gab es immer wieder auch Übergriffe auf Touristen. Ziel ist nicht nur eine Destabilisierung der Verhältnisse – an der auch der mächtige Nachbar Saudi-Arabien interessiert wäre –, sondern auch eine Machtumverteilung zwischen den einzelnen Stämmen und der Zentralregierung. Denn das Land mit den Öl- und Gasfunden ist in den Augen der Stammesmitglieder altes Stammesland und nicht das des Präsidenten in Sana'a. Wie gespannt die Lage ist, kann man schon wenige Kilometer hinter Sana'a an den vielen Polizei- und Militärposten ablesen, die entlang der Straße für mehr Sicherheit sorgen sollen. Die martialische Bewaffnung der Stammeskrieger mit Kalaschnikows ist in der Region gang und gäbe.

## Hotels

Marib ist Durchgangsstation auf dem Weg von Sana'a durch den Ramlat as-Sab'atayn ins Wadi Hadramaut. Eine Übernachtung ist, egal ob man den eintägigen Weg über Bir al-Abr oder den mehrtägigen Weg über Shabwah wählt, notwendig.

### Ard al-Djanaten

Einfacher Hotelkasten und eine billigere Alternative als das Bilqis. Eigenes Restaurant mit dem Charme einer Bahnhofshalle.
Tel. 06/23 06, Fax 23 09
40 Zimmer
Mittlere Preisklasse

### Bilqis Hotel

Ursprünglich wurde das Hotel vornehmlich zur Erholung für die Erdölarbeiter gebaut. Diese ziehen es aber inzwischen vor, ins sichere Sana'a oder überhaupt nach Hause zu fahren. Ein modernes Hotel mit eigenem Restaurant und einem wegen seiner exponierten Lage wohl nur von Männern zu benutzenden Swimmingpool.
Tel. 06/30 23 72, Fax 30 23 78
66 Zimmer
Obere Preisklasse

## Spaziergang

Die Sehenswürdigkeiten liegen weit auseinander, und man benötigt für eine Besichtigungsrunde einen möglichst auch geländegängigen Wagen. Beginnen sollte man die Rundtour an einer der beiden **Schleusen** am **alten Damm**. Anschließend kann der wenige Kilometer oberhalb liegende **neue Damm** besichtigt werden. Von hier aus bietet sich die Rückfahrt zum **Sonnentempel** und zum **Mondtempel** an, nach dessen Besuch man noch einen Rundgang

durch das alte Dorf **Marib** unternehmen sollte. Für eine ausführliche Besichtigung der Sehenswürdigkeiten von Marib sollte man gut einen halben Tag rechnen. Dementsprechend ist auch die Weiterfahrt ins Hadramaut oder zurück nach Sana'a zu planen.

## Sehenswertes

### Alter Damm

Der antike Damm wurde am Ausgang des Wadi Adhana errichtet. Sedimentablagerungen belegen hier eine 3000jährige Bewässerung. Die Nord- und Südschleuse gehen auf die Umbauten des Jahres 625 v. Chr. zurück. Der Damm diente weniger der kontinuierlichen Aufstauung stetig fließender Wassermassen, wie dies etwa bei anderen antiken Dämmen der Fall war, als der gezielten Umlenkung der periodischen Regenfälle auf die beiden Oasen. Sehr schön kann man von der nördlichen Schleuse den Ablenkkanal und die Weiterleitung auf die Felder erkennen. Die Dammkrone hatte einen ellipsenförmigen Verlauf, eine ungefähre Länge von 600 m und eine Höhe von rund 16 m. Warum der Damm letztendlich brechen mußte, kann man sehr gut an den Ablagerungen im toten Winkel der Nordschleuse erkennen. Zahlreiche Inschriften wie etwa die Königssteine an der Nordschleuse berichten von den gewaltigen Bau- und Reparaturarbeiten. Zu entscheidenden Dammbrüchen kam es um 400 n. Chr. und im Jahre 542. Danach veröbeten die Oasen.

**TOP TEN 1**

### Alt-Marib

Malerisch und verwunschen auf einem hohen Lehmhügel erkennt man die Ruinen des alten Dorfes Marib. Ein Großteil der

**TOP TEN 5**

Zerstörung geht auf die Bombardierung des Ortes im Bürgerkrieg durch die Flugzeuge der ägyptischen Luftwaffe zurück. Beeindruckend sind nicht nur die Rest der einstmals stattlichen Lehmburgen, sondern auch die unzähligen Spolien, Friese, Säulen und Inschriftensteine, die sich überall im Dorf und im weiteren Umfeld finden. Spätestens ab dem 5. Jh. v. Chr. war Marib von einer geschlossenen steinernen Stadtmauer umgeben. Um weitere Aufschlüsse über das antike Marib zu bekommen, müßte man unter den verfallenen Häusern graben, das Gelände weiträumig über Jahre hinweg absperren und deshalb die letzten verbleibenden Familien aus den Häusern vertreiben. Ein Durchstich, der das Ende der über 2500jährigen kontinuierlichen Besiedlung dieses Ortes bedeuten würde, ist bereits geplant. Bei einem Rundgang durch den verfallenen Ort sollte man auch einen Blick in die alte Moschee sowie in den alten Gouverneurspalast werfen.

## Mondtempel

Dieser erst in den letzten Jahren von deutschen Archäologen freigelegte Tempel wird oftmals auch als »arsh Bilqis«, der Thron der Bilqis, bezeichnet. Es handelt sich dabei aber eindeutig um einen dem Mondgott Almaqah geweihten Tempel, dessen ältesten Bauteile (etwa die monolithischen Säulen) mindestens aus dem 6. Jh. v. Chr. datieren. Anhand von Inschriften vermutet man eine Nutzung des Tempels bis ins 4. Jh. n. Chr.

## Neuer Damm

Einige Kilometer oberhalb des antiken Dammes wurde mit finanziellen Mitteln des Scheichs von Abu Dhabi ein aufwendiger Staudamm errichtet, dessen Kosten sich auf über 75 Mio. Dollar belaufen. Im Gegensatz zum antiken Damm wird hier das Wasser aufgestaut. Die Dammkrone kann mit dem Wagen befahren werden.

Sedimentablagerungen brachten die Staumauer des Alten Dammes zum Einsturz

**Sehenswerte Orte und Ausflugsziele**

## Sonnentempel (Mahram Bilqis)

Rund 10 km vom neuen Ort Marib entfernt und auch außerhalb des Ruinenfeldes des alten Marib liegt der Sonnentempel, der 1951/1952 in einer spektakulären Grabung weitgehend freigelegt wurde. Die Grabungsarbeiten wurden von jemenitischer Seite damals derart behindert, daß Phillips und seine Begleiter vor den Soldaten des Gouverneurs in einer Nacht- und Nebelaktion in das benachbarte Bayhan fliehen mußten. Die Entstehungszeit des Rundtempel wird auf das 9. oder 8. Jh. v. Chr. geschätzt. Bis ins 4. Jh. n. Chr. war er noch in Benutzung. Die acht monolithischen Säulen gehören zu einer dem Rundtempel vorgelagerten Säulenhalle. Viele der Ausgrabungsfunde sind seitdem spurlos verschwunden. Dazu gehören auch die vielfältigen Inschriftenrollen, die es vom Sonnentempel gab. Einen der damals vorgenommenen Abklatsche vom Sonnentempel kann man im Museum in Taizz besichtigen.

### Essen und Trinken

Beide Hotels (→ S. 58) verfügen über ein einfaches Restaurant. Wer sich gerne unters Volk mischt, findet an der Hauptstraße, gegenüber der Tankstelle, ein gutes einheimisches Restaurant.

### Service

Will man weiter über Harib nach Bayhan oder nach Safir, sollte man sich entweder im Hotel oder im Suk genauestens über die momentane Situation informieren. Alle einheimischen Reiseveranstalter mieten bei Fahrten abseits der Teerstraße zusätzlich in Marib Beduinen als Führer und Sicherheitsbegleitung an. Der Stamm der Al-Ashraff hat das Monopol für diese Art eines speziell jemenitischen Begleitschutzes. Der Preis beträgt ca. 100 $ pro Tag und Wagen und muß sowohl von organisierten Gruppen als auch von Reisenden, die auf eigene Faust unterwegs sind, bezahlt werden.

Auf diesen Säulen ruhte das Dach der Vorhalle des Sonnentempels

## Ausflugsziele

Marib ist weniger ein geeigneter Standort für Ausflüge als ein wichtiger Durchgangspunkt auf der Fahrt entlang dem Ramlat as-Sab'atayn, dem wüstenhaften Gebiet zwischen Marib und Shabwah, nach Timna, Shabwah und ins Wadi Hadramaut. Kommt man von Sana'a, wird man auf dem Weg nach Marib zumindest die Minäerstadt Baraqish besichtigen. Von Fahrten nach Ma'in oder durch das hinter Baraqish liegende Wadi al-Jawf nach Al-Harf oder Raydah wird abgeraten. Die im folgenden beschriebenen Orte liegen sämtlich auf der Straßen- bzw. Pistenroute Sana'a–Marib–Ataq–Hadramaut.

## Ataq ■ E 5/F 5

Der an sich unbedeutende Ort Ataq wurde als südjemenitische Militärbasis ausgebaut und ist auch nach der Vereinigung ein wichtiger strategischer Stützpunkt. Nördlich von Ataq liegen die Erdölfelder um Shabwah. Die undefinierte Grenzziehung und die Drohgebärden Saudi-Arabiens gegen den Jemen und gegen die verschiedenen Ölfirmen sorgen für eine Menge Spannung und militärische Präsenz in diesem Gebiet. Shabwah besitzt eine Reihe guter Garküchen, was entlang der Route Nuqub–Ataq nicht selbstverständlich ist, und einen einfachen Funduk. In Ataq zweigt die 120 km lange Piste nach Shabwah ab.

### Hotel

**22nd May Hotel**
26 Zimmer nach europäischem Standard.
Mittlere Preisklasse

## Baraqish ■ C 3/D 3

Die Stadt am Ausgang des Wadi al-Jawf war im 4. Jh. v. Chr. bis zum Bau von Ma'in Hauptstadt des Minäerreiches. Baraqish ist sicherlich die am besten erhaltene Ruinenstadt aller südarabischen Königreiche. Eine große Festungsmauer mit mehr als 50 Wehrtürmen erhebt sich wie eine gewaltige steinerne Krone aus der flachen Schotterebene am Rande der Wüste. Man erreicht Baraqish über die Zufahrtsstraße nach Al-Hazm al-Jawf, die 100 km vor Marib von der Straße Sana'a–Marib abzweigt. Aufgrund der angespannten Situation vor Ort kann man Baraqish meist nur mit militärischer Begleitung besichtigen. In Baraqish selbst befindet sich eine Polizeistation, die über die Ruinenanlage wacht.

Fast sämtliche Bauten innerhalb der Festungsmauer stammen aus der islamischen Siedlungszeit, was man auch leicht an den Ruinen eines Kuppelgrabes nachvollziehen kann. Baraqish war bis ins 17. Jh. kontinuierlich bewohnt. Aus den tieferliegenden vorislamischen Schichten haben italienische Archäologen eine Tempelanlage zutage gefördert. Ebenso wie am Staudamm von Marib kann man anhand der erhöht liegenden Sedimentfelder ganz gut die einstmals durch Flutbewässerung fruchtbaren Felder vor den Mauern der Stadt erkennen.

Rein theoretisch besteht die Möglichkeit, von Baraqish weiter durch das Wadi al-Jawf zu fahren. Die unsichere Lage im Al-Jawf aber läßt es wenig ratsam erscheinen, davon wirklich Gebrauch zu machen. Seit vielen Jahren gilt der Jawf als unsicherste Region des Jemen, und es ist hier schon mehrmals zu Zusammenstößen zwischen Ausländern und Einheimischen gekommen.

**TOP TEN 5**

*SEHENSWERTE ORTE UND AUSFLUGSZIELE*

## Harib ■ D4

Hier saß in den dreißiger Jahren Hans Helfritz fest, als er versuchte, über Shabwah nach Sana'a vorzudringen. Der ehemalige Grenzort zwischen Nord- und Südjemen hat auch in letzter Zeit von sich reden gemacht, als Touristen für mehrere Tage festgehalten wurden. Östlich von Harib liegt der Naqil Mablaqa, ein seit der Weihrauchstraße benutzter Paßübergang zwischen dem Wadi Bayhan und dem Wadi Harib. Auf dem Weg dorthin kommt man auch an den spärlichen Ruinen von Hajar an-Nab mit einigen Felsinschriften vorbei.

## Nisab ■ E 5

Ein ehemalig eigenständiges Kleinsultanat in der Nähe des Wadi Markhah. In diesem Wadi liegt auch die noch nicht genau lokalisierte Hauptstadt des Königreiches Aussan, Hajar an-Nab. Kurz vor Nisab zweigt auch die in östlicher Richtung verlaufende Piste nach Shabwah ab, die einem, wenn man über ortskundige Begleitung verfügt, den langen Umweg über Ataq erspart.

## Nuqub und Timna ■ D4/E 4

Der Ort im unteren Wadi Bayhan besitzt einige ansehnliche Lehmburgen im südjemenitischen Stil mit farbiger Gestaltung der Balkone oder aus der indonesischen Architektur stammenden Säulenvorbauten. Überragt wird die Stadt vom Palast des ehemaligen Sultans von Bayhan, der sich heute in einem sehr jämmerlichen Zustand befindet. In Nuqub trifft man von der Maribpiste kommend wieder auf eine gutausgebaute Teerstraße bis nach Ataq. Nordwestlich von Nuqub liegt die Ruinenstadt Timna, einstmals Hauptstadt des qatabanischen Königreiches. Von den Grabungen, die 1950 durchgeführt wurden, ist nahezu nichts mehr zu erkennen. Einzig das mit Inschriften geschmückte Stadttor ist in seinen Fundamenten noch erhalten. Im knapp 30 km wadiaufwärts liegenden Ort Bayhan al-Qasab gibt es ein kleines Museum. Dort ist auch die in Timna gefundene Marktsäule aufgestellt, auf der die Handelsgesetze der Stadt festgelegt waren.

**TOP**
**TIP**
**5**

---

## DER BESONDERE TIP

**M**it dem Kamel durch den Ramlat as-Sab'atayn Ahmed al-Ghurabi organisiert einen viertägigen Wüstenritt auf Kamelen von Bayhan nach Shabwah. Übernachtet wird in der Wüste, Gepäck und Verpflegung werden mit dem Geländewagen transportiert. Ahmed, der ganz ordentlich Deutsch spricht, begleitet die Touren selbst und übernimmt zusammen mit einem lokalen Guide die Routenführung durch die Wüste. Al-Ghurabi Tours, Ahmed Ali al-Ghurabi, P.O. Box 1373, Tel. und Fax 00 96 71/61 07 30

# Safir ■ E4

Safir ist lediglich der Vorposten der Erdölfelder im Marib-Shabwah-Becken und kaum von touristischem Interesse. Kurz vor Safir zweigt die Piste über Bir al-Abr ins Wadi Hadramaut ab. Diese direkteste und schnellste Verbindung soll in den nächsten Jahren auch geteert werden.

# Shabwah ■ F4

Versteckt hinter Schotterhügeln liegt am Ausgang des Wadi Irma die ehemalige Hauptstadt des Königreichs Hadramaut, Shabwah. Das Wadi Irma gehört mit zu den ältesten Siedlungsgebieten des Jemen. Funde von Pfeilspitzen datieren zurück bis ins 6. Jahrtausend v. Chr. Hadramaut war um 800 v. Chr. zunächst sabäischer Vasallenstaat, konnte sich dann aber lösen und sich als selbständiges Königreich behaupten. Shabwah war neben Marib die bekannteste südarabische Stadt, und schon Plinius der Ä. berichtete von dem unermeßlichen Reichtum, den Shabwah aufgrund des Weihrauchhandels ansammeln konnte. Im 3. Jh. n. Chr. wurde die Königsstadt von den Himjariten zerstört, und seine Bewohner zogen sich ins nahe Wadi Yishbum und ins innere Wadi Hadramaut zurück. Neben den Fundamenten des alten Königspalastes und des Mondtempels sind noch Teile der Stadtmauer erhalten. Etwas außerhalb der Stadtmauer liegt der Jebel al-Milh, ein Salzberg. Shabwah übte auf die früheren Abenteurer und Reisenden eine nahezu magische Anziehung aus, und so mancher von ihnen mußte diese Faszination mit dem Tod bezahlen. Der erste Europäer, dem es gelang, nach Shabwah vorzudringen, war der Deutsche Hans Helfritz. Für die Weiterfahrt von Shabwah ins Wadi Hadramaut benötigt man rund sechs Stunden.

Vierbeiner gegen Vierradantrieb: der Klügere gibt nach

**A**uf das Landschaftserlebnis der Fahrt von Al-Mukalla nach Aden sollte man nicht verzichten. An der Südküste lockt der Strand von Bir Ali.

## Al-Mukalla und die Südküste

■ H 5

Al-Mukalla ist ein bedeutender Hafen zwischen Aden und Oman und seit Jahrhunderten auch der wichtigste Handelshafen für den Warenverkehr ins Hadramaut. Seit der Vereinigung erfährt Al-Mukalla, das früher wegen seiner malerischen weißen Hafenfront als eine Perle Arabiens galt, einen rasanten Aufschwung. Wie andere jemenitischen Städte platzt die Stadt am Fuße des Jebel al-Qarra aus allen Nähten. Slums haben sich inzwischen gebildet, die Zufahrtsstraßen sind gesäumt von Schrottplätzen und Autoreparaturwerkstätten, und weit vor der Stadt ist bereits alles Bauland parzelliert. Inzwischen haben sich wegen der günstigen Lage direkt an einem hochseetüchtigen Hafen und der niedrigen Preise einige Industriebetriebe angesiedelt. Vom ursprünglichen Reiz einer orientalischen Hafenstadt, die einstmals wichtigster Hafen an der Südküste war, ist fast nichts mehr übrig.

Al-Mukalla ist für seine malerische Hafenansicht berühmt

## Hotels

### Al-Ghuwaizat Hotel
Modernes Hotel nach europäischem Vorbild, direkt gegenüber der alten Zollstation Hosn al-Ghuwaizat.
Al-Mukalla
Tel. 05/7 95 09 33
30 Zimmer
Mittlere Preisklasse

### Hadramaut Hotel
Direkt am Meer gelegenes Hotel des Reiseveranstalters Universal an der Straße nach Ar-Riyan. Relativ luxuriös, teilweise Bungalows direkt am Meer.
Tel. 05/20 60 (zu buchen über Universal in Sana'a → S. 85)
70 Zimmer
Obere Preisklasse

## Sehenswertes

Beim Spaziergang entlang dem alten **Hafen** und der verkehrsreichen Hauptstraße kann man einige schöne alte Häuser entdecken. Die aus der Zeit der Briten stammenden **Kontore** am alten Hafen verfallen aber inzwischen, die leuchtend weiße Hafenpromenade wurde aufgeschüttet und durch häßliche Neubauten ersetzt. Selbst der **Sultanspalast**, in dem heute ein **Museum** untergebracht ist und der am westlichen Ende der alten Hafenfront liegt, erweckt eher Mitleid als Bewunderung. Dennoch lohnt ein Spaziergang zwischen den Häusern und Kontoren der alten Hafenstraße, denn hier spielt sich das bunte Leben und Treiben des alten Mukalla ab. Man sollte hier auch ruhig einmal in einer der einfachen **Garküchen** einkehren, denn hier wird exzellenter und absolut frischer Fisch angeboten. Wer die auf vielen Fotografien abgebildete Zollstation **Hosn al-Ghuwaizat** besichtigen möchte,

muß auf der Ausfallstraße zum Flughafen Ar-Riyan aufpassen. Versteckt zwischen Tankstellen und Autowerkstätten kann man linker Hand das unscheinbare Gebäude entdecken.

## Museum

Im Palast des Kathiri-Sultanes ist ein volkskundliches Museum untergebracht, in dem auch antike Fundstücke aus Shabwah und Raybun sowie islamische und vorislamische Münzen gezeigt werden. Im oberen Stockwerk sind persönliche Habseligkeiten der Kathiri-Sultane sowie Staatsgeschenke zu sehen.
Sa–So 9–12 Uhr
Eintritt 20 Rial

# Ausflugsziele

Auch hier handelt es sich weniger um Ausflugsziele als um die wichtigsten Stationen der über 600 km langen Strecke zwischen Al-Mukalla und Aden, denn freiwillig wird kaum jemand länger als eine Nacht in Al-Mukalla verweilen wollen. Die wichtigsten Orte der letzten 200 km finden sich im Kapitel »Aden« (→ Ausflugsziele, S. 42).

# Azzan ■ F 5

Mitten in einer faszinierenden Landschaft von Tafelbergen liegt der Lehmort Azzan. Das Klima ist hier gänzlich von der vom Norden her vordringenden Wüste geprägt, die mit Wanderdünen immer wieder die Straße überzieht. Im Ort finden sich einige schöne alte Lehmhäuser.

# Bir Ali ◼ G 5

Der 100 km westlich von Al-Mukalla gelegene Fischereihafen ist der einzige natürliche Seehafen zwischen Al-Mukalla und Aden. Hier landeten einstmals die aus dem Oman kommenden Küstenschiffe und luden in der Hafenstadt Qana ihre wertvolle Fracht auf die Kamelkarawanen. Sie brachten den Weihrauch und andere Handelsgüter in das vor Piraten sichere Landesinnere und auf diesem Wege weiter nach Norden. Vom antiken Qana kann man höchstens vom Krähenfelsen (Hosn al-Ghurab) aus die Fundamente erblicken. Auf dem Krähenfelsen selbst finden sich auch Reste einer himjaritischen Befestigungsanlage, von der vor allem noch die Zisternen zu erkennen sind. Der Name, Brunnen des Ali, bezieht sich auf einen rund 10 km östlich von Bir Ali liegenden Vulkankegel, den Jebel Shuhan, der mit leuchtendgrünem Wasser gefüllt ist und problemlos bestiegen werden kann.

Der Strand von Bir Ali ist ein beliebter Stopp auf dem Weg von Sayun nach Aden. Der blendendweiße Sand und das glasklare Wasser sind traumhaft und bilden den mit Abstand schönsten Camp- und Badeplatz im Jemen. Liebhaber seltener Muscheln kommen beim Strandspaziergang voll auf ihre Kosten. Man muß am nächsten Morgen nur früh zusammenpacken. Da keinerlei Schatten vorhanden ist, brennen spätestens um 9 Uhr die Fußsohlen auf dem glühendheißen Sand.

**TOP 6**

# Ghail Bawazir ◼ H 4

Zurückgesetzter Ort nahe dem Flughafen Ar-Riyan, in dessen Umgebung ein beliebter Tabak für die Wasserpfeife, der **humumi**, angebaut wird. Im Ort ist ein Sommerpalast der Qaiti-Sultane erhalten, der manchmal auch als **funduk** bezeichnet wird. Vorsicht Malaria!

Eine Tankstelle auf dem Djol-Plateau

# Habban ■ F 5

Die gigantischen Neubauten der Lehmpaläste in Habban verschlagen einem die Sprache, zumal der Ort sonst eher einen absolut verlassenen Eindruck macht. Die großen Lehmburgen gehören Familien in Habban, die nach der sozialistischen Revolution das Land verließen und ins Ausland gingen. Mit ihren Devisen bauten sie sich gleichsam als Familienstammsitz in ihrem Heimatdorf ein Zuhause, auch wenn sie weiterhin in Saudi-Arabien oder Indonesien lebten. Die Häuser werden von Verwaltern und ihren Familien oder ärmeren Verwandten bewohnt und in Schuß gehalten. An einigen Hauseingängen finden sich zum Schutz vor dem bösen Blick Kaurimuscheln und Spiegelscherben eingemauert. Rund um Habban gab es früher einmal eine relativ große jüdische Gemeinde. Bei Habban zweigt eine Verbindungsstraße ins ca. 100 km entfernte Shabwah ab.

# Mayfa'ah ■ F 5

Versteckt im wüstenhaften Wadi Mayfa'ah sind mitten im Wadilauf die Reste der antiken Siedlung Mayfa'ah des Königreiches Hadramaut zu entdecken, die eine der Zwischenetappen der Weihrauchstraße bildete. Beachtenswert ist, ähnlich wie bei Shabwah oder Shibam, die Lage der Stadt mitten im Wadilauf. Zu besichtigen sind einige Mauerreste und Teile der Befestigungsanlagen.

# Wadi Yishbum ■ E 5/F 5

Kurz hinter der Kreuzung Ataq–Habban zweigt eine Piste ins abgelegene Wadi Yishbum ab, das vor allem wegen seiner prächtigen Lehmbauten, etwa im Dorf As-Said, berühmt ist. Das Wadi Yishbum soll von den vertriebenen Bewohnern Shabwahs besiedelt worden sein.

Die großen Lehmhäuser von Habban scheinen mit den Felsen zu verschmelzen

**S**adah, die Edle, die Heimatstadt des zaiditischen Imamats, das seit Yahya Ibn Hadi al-Hussein im Jahre 897 die Geschicke des Landes bestimmte.

## Sadah und der Norden

■ C 3

Streng islamischer Konservatismus und starre stammesorientierte Strukturen bestimmen in Sadah den Alltag. Die Stadt im nördlichen Jemen, nicht einmal 100 Kilometer von der umstrittenen Grenze zu Najran entfernt, ist der Hort der **Zaiditen**, jener religiösen Sondergruppierung der Shia, die für sich in Anspruch nimmt, den Besten und Geeignetsten zum religiösen und politischen Führer zu wählen. Damit rücken die Zaiditen innerhalb ihrer Glaubensgemeinschaft weit von den starren Grundsätzen der **Shiiten** ab, die konsequent die direkte Nachfolge der Prophetenlinie wählen. Im Jahre 897 kam **Yayha Ibn Hadi al-Hussein** als Schiedsmann nach Sadah, um Streitigkeiten zwischen örtlichen Stämmen zu schlichten, und konnte aufgrund seiner persönlichen und religiösen Autorität sich bald als Führer der nordjemenitischen Stämme etablieren. Bereits im Jahre 901 zog er zum ersten Male nach Sana'a ein. Das von ihm errichtete Imamat sollte bis zur Revolution von 1962 fortbestehen. Bis heute gelten die Stämme im Norden und rund um Sadah als besonders traditionsbewußt, konservativ und kriegerisch, was ein sorgloses Reisen manchmal erschwert.

Rund um Sadah leben auch noch die letzten Familien jemenitischer Juden.

Sadah gilt als einer der ältesten besiedelten Orte im Jemen, denn im Becken von Sadah trafen sich wichtige, schon in der vorislamischen Zeit bedeutende Handelswege. Das Vorkommen von Eisenerz und die vielen Akazienbäume waren neben dem Handel weitere wichtige Lebensgrundlagen für die Stadt, in der Lederwaren und Waffen produziert wurden. Seine Position als Handelsstadt hatte Sadah bis zur Schließung der Grenze zwischen Saudi-Arabien und Jemen inne. Seitdem ist es wieder etwas ruhiger in der Stadt geworden. Sadah ist die wohl beeindruckendste reine Lehmstadt des Nordjemens und wird heute noch nahezu vollständig von einer allerdings stark verfallenen Wehrmauer umgeben. Die mehrstöckigen Lehmhäuser in Sadah werden in der **Sabur-Technik** errichtet, d. h. im Gegensatz zu den südjemenitischen Lehmbauten mit Wülsten aus Stampflehm und nicht mit luftgetrockneten Ziegeln.

Heiligster Ort im Jemen: die Yahya-Ibn-Hadi-al-Hussein-Moschee in Sadah

SEHENSWERTE ORTE UND AUSFLUGSZIELE

## Hotels

Die Auswahl an Hotels in Sadah ist mehr als bescheiden, und vor allem in den Stoßzeiten, etwa zu Weihnachten und Ostern, kommt es in Sadah zu katastrophalen Engpässen. Trotz Hotelreservierung kann es schon passieren, daß man wegen Überbuchung eine Nacht auf dem Gang oder im eigenen Zelt verbringen muß. Eine rechtzeitige Ankunft, wenn möglich vormittags, mindert das Risiko.

### Al-Mamoon Hotel

Das zum gleichnamigen Reiseveranstalter gehörende Hotel ist, vorausgesetzt, es gibt überhaupt noch Platz, die Alternative zum Rahban. Das Hotel ist leider sehr weit außerhalb der Altstadt gelegen.
Tel. 0 51/22 03
45 Zimmer
Mittlere Preisklasse

### Hotel Rahban

Es ist das »dienstälteste« Hotel in Sadah, was man mühelos an der Einrichtung und Sauberkeit ablesen kann. Seine günstige Lage nahe dem Bab al-Jemen sichert ihm aber immer ein volles Haus.
Tel. 0 51/28 48, Fax 28 56
50 Zimmer
Mittlere Preisklasse

## Spaziergang

Der spätere Nachmittag ist eine gute Zeit, um einen Rundgang durch Sadah zu beginnen. Vom Stadttor **Bab al-Jemen** folgt man der Hauptstraße, durchquert die ganze Altstadt und trifft auf das nördlich liegende **Bab al-Najran**. Hier führt ein Aufstieg auf die westliche **Stadtmauer**, der man so lange folgt, bis die Mauer ganz abbricht. Jetzt wendet man sich zum Stadtinneren zu und gelangt nach wenigen hundert Metern auf die Ausläufer des **Suks**. Der Weg durch den Suk führt zur **Großen Moschee** von Sadah mit dem Grab des **Yahya Ibn Hadi al-Hussein** und weiterer elf zaiditischen Imamen. Prächtige grüne Kuppeln – Grün ist die Farbe des Propheten – schmücken das facettenreiche Bauwerk. Nachdem es einer der heiligsten Orte im Jemen ist, ist es Nichtmuslimen natürlich nicht erlaubt, die Moschee zu betreten oder zu besichtigen. Auch beim Blick durch den Türspalt oder beim Fotografieren sollte man äußerste Vorsicht walten lassen, denn die Jemeniten reagieren hier besonders empfindlich. Wenige Schritte nach der Moschee kehrt man wieder zum Platz beim Bab al-Jemen zurück, wo jüdische und arabische Schmuckhändler im Schein der Gaslaternen ihre Waren feilbieten.

## DER BESONDERE TIP

Sonntags ist in Sadah großer **Wochenmarkt**, zu dem die Bauern und Händler aus dem ganzen Norden anreisen. Besonders auffällig sind die bunten Flechtwaren, z. B. Körbe oder Vorratsbehälter, von denen man eine große Auswahl in fast jeder Größe und Ausstattung findet.

## Sehenswertes

### Lochfelsen

Der sogenannte Lochfelsen liegt rund 45 Gehminuten nördlich des Bab al-Jemen. Es handelt sich dabei um eine Kette von mehreren Felsenhügeln aus Sandstein, die sich zwischen den schattigen Talh-Bäumen (Akazien) erhebt. Die Felswände sind bedeckt mit teilweise noch aus vorislamischer Zeit stammenden Steinbockgravuren. Wie auch im Hadramaut, wo Steinbockhörner zum Schutz gegen Geister und den bösen Blick an den Hausecken angebracht sind, spielt auch im strengen zaiditischen Norden der Steinbock als ein uraltes Symbol für den Mondgott und die Fruchtbarkeit eine wichtige Rolle. Um langwieriges Suchen zu vermeiden, läßt man sich im Hotel am besten einen ortskundigen Führer vermitteln.

### Stadtmauer und Stadttore

Vor allem der westliche Teil der Stadtmauer zwischen dem Bab al-Jemen und dem Bab al-Najran lohnt für einen Rundgang. Beachtenswert ist auch die verteidigungstechnisch ausgeklügelte Anlage der beiden Stadttore in S-Form. In der Stadtmauer belegen eine Vielzahl von Schießscharten und Wehrbastionen den kriegerischen Charakter der nördlichen Stämme.

### Yahya-ibn-Hadi-al-Hussein-Moschee

Die im 9. Jh. errichtete Moschee verdankt ihr heutiges Aussehen weitgehend den Umbauten im 12. und 17. Jh. In der Moschee sind neben dem Begründer des Imamats Yahya ibn Hadi al-Hussein weitere elf Imame begraben. Im Gegensatz zu den meisten anderen Gebäuden Sadahs ist sie nicht aus Lehm, sondern aus Stein errichtet. Die Moschee ist in ihrem Inneren nicht zu besichtigen.

Treppen führen zu den großen Zisternenanlagen von Dhi Bhin

## Essen und Trinken

Es gibt ein einfaches Restaurant in Sadah, das eigentlich alle Reisenden, egal ob sie mit Neckermann oder alleine mit dem Rucksack unterwegs sind, aufsuchen. Es liegt direkt neben dem Bab al-Jemen und dem Nil-Restaurant und ist zwar namenlos, aber gut an den Hunderten von Aufklebern ausländischer Reiseagenturen zu erkennen. Hier bekommt man ordentliches Essen, etwa morgens Nescafé, ein kräftiges Omelett, **kibda** (Leber) oder scharfe Bohnen, mittags natürlich ausgezeichnetes **salteh** (Eintopf) und **shakal** (Gemüse) und abends **lahm sareer** (gewürfeltes Fleisch), **beit ma tomat** (Eier mit Tomaten) oder Reis und Gemüse.

## Ausflugziele

## Al-Harf und die Wüstenorte ■ C 3

Zwischen Sadah und dem 75 km südlich gelegenen Ort Al-Harf dringen die Ausläufer der großen Arabischen Wüste bis dicht an die Straße heran. Die Vegetation entspricht der am Rande des Ramlat as-Sab'atayn und wechselt zwischen Stein- und Schotterwüste und mit Akazien bestandenen Trockensteppen. Entlang der Straße liegen zahlreiche kleinere Ansiedlungen, deren Bauten allesamt in der traditionellen Lehmbauweise errichtet sind und die in einem weit besseren Zustand als die Häuser von Sadah. Man kann diese Orte gerne besuchen, wenn man Mittel und Wege findet, sich der geschäftstüchtigen Frauen und der hartnäckigen Kinder zu erwehren. Sehenswert sind vor allem die weiter östlich im Wadi al-Jawf üblichen ornamentalen Verzierungen der Fensterlaibungen und der Haustüren. Eine weitere Besonderheit sind die Traubengärten zwischen Al-Harf und Sadah. Hier werden die mit am wohlschmeckendsten Trauben des Jemen geerntet, die natürlich nicht gekeltert, sondern zu Rosinen getrocknet werden.

## Jebel Umm Layla ■ B 2

Rund 50 km nördlich von Sadah direkt neben der Straße nach Najran liegt der Jebel Umm Layla mit einer mittelalterlichen Befestigungsanlage und den Resten einer Moschee. Der teilweise schwierige Aufstieg dauert von der Schotterpiste am Fuße des Jebels eine knappe Stunde, und man muß dabei einmal eine etwas ausgesetzte Stelle überwinden. Auf der sonst nicht zugänglichen Bergkuppe

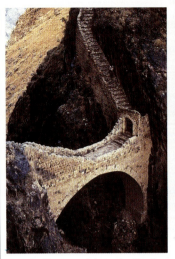

Eine der Hauptattraktionen im Norden: die Bogenbrücke von Shaharah

finden sich verteidigungstechnische Anlagen, einige in den Fels getriebene Vorratskeller, Fundamente zerfallener Häuser und eine Moschee sowie eine Zisternenanlage. Ein Steinpfad führt bis fast auf die Bergspitze, von der aus man einen herrlichen Blick auf die karge und steinige Landschaft des nördlichsten Jemens hat. Eine Steintafel mit altsüdarabischen Inschriften legt nahe, daß schon in früherer Zeit der Jebel Umm Layla von strategischer Bedeutung gewesen war. Der Besuch der Bergfestung sollte schon wegen der Nähe zur saudiarabischen Grenze und der manchmal sehr unfreundlichen nördlichen Stämme nur mit einem einheimischen Führer vorgenommen werden.

# Shaharah ■ C 3

Die Brücke des Baumeisters Al-Yamani, die in einem atemberaubenden Bogen eine tiefe Schlucht überspannt, hat den Jebel Shaharah weltberühmt gemacht und lockt seit Jahren Heerscharen von abenteuerlustigen Reisenden in eine der wildesten und unruhigsten Gegenden des Jemen. Man erreicht Shaharah über das rund 110 km südlich von Sadah liegende Huth, einem geeigneten Ort für eine Mittagspause. Durch das teilweise schon tropische Wadi Lissan, in dem auch viele Flaschenbäume wachsen, erreicht man den Talort Al-Qabei, wo bereits die Pickups der Bergbewohner warten. Die Verhandlungen über den Preis und die Fahrt hoch zum Felsennest Shaharah sind mehr als abenteuerlich. Shaharah selbst bietet an Sehenswertem neben der aus dem 17. Jh. stammenden Brücke vor allem guterhaltene riesige Zisternenanlagen, die dem Bergdorf auch im Belagerungsfall die Versorgung mit Wasser sicherten. Sowohl der Jebel Shaharah als auch die umliegenden Berge sind intensivste Anbaugebiete für hochwertigen Kat, und die Bauern bewachen nachts ihre Felder. Ein einfacher Funduk, in dem man auch essen kann, dient als Übernachtungsmöglichkeit. Die Zufahrt ins Wadi Lissan und nach Shaharah ist wegen der hier häufigen Stammesunruhen nicht immer gesichert. Eine Auskunft über den momentanen Stand der Dinge erhält man in der Garküche in Huth.

## Suq al-Inan ■ C 3

Dieser Ort, der wegen seiner prächtigen Lehmbauten sicherlich zu den schönsten im ganzen Nordjemen zählt, sei nur der Vollständigkeit halber erwähnt. Man erreicht Suq al-Inan (Montagssuk) über eine recht beschwerliche Piste von Sadah aus oder über Al-Harf und Al-Marashi, einem ebenfalls vollständig aus Lehmbauten bestehenden Dorf. Bei Fahrten zwischen Sadah, Suq al-Inan und dem Al-Jawf bedarf es sehr viel Fingerspitzengefühl, denn hier wurden schon mehrfach Touristen über Tage hinweg festgehalten.

## DER BESONDERE TIP

Der Name des Marktes **Suk at-Talh** ist eigentlich recht friedlich, bedeutet er doch lediglich Markt an der Akazie. Doch war früher, vor allem in den siebziger und frühen achtziger Jahren, der bunte Wochenmarkt der wichtigste Umschlagplatz für Waffen jeder Größe und Couleur. Hier deckten sich die Stammeskrieger mit ausgemusterten Kalaschnikows oder Panzerfäusten ein, und ortskundige Führer berichten sogar von noch größeren Waffendeals. Heute hat sich die Szenerie etwas beruhigt, und Suk at-Talh ist ein weitgehend ruhiger und friedlicher Wochenmarkt. Markttag Samstagvormittag. ■ C 2

**A**m Fuße des Jebel Nuqum verzaubert Sana'a mit seiner pittoresken Altstadt die Besucher. Der Suk gehört zu den malerischsten des gesamten Orients.

## Sana'a und Umgebung
■ C 4

Der Blick über die Zuckerbäckerfassaden der Altstadt von Sana'a ist sicherlich einer der schönsten und erhebendsten Momente eines Jemenaufenthaltes. Nicht umsonst hat die UNESCO 1984 dieses einmalige Stadtensemble mit seinen kunstvollen Hochhäusern, den unzähligen Minaretten und den leuchtendgrünen Gärten zum Weltkulturerbe erklärt. Und auch nicht umsonst wurde das Büro zur Konservierung der Altstadt mit dem **Aga-Khan-Architekturpreis** geehrt. Denn was sich dem Betrachter beim Blick über die Dächer und Häuser bietet, ist atemberaubend. Aus dem erdfarbenen Meer der Lehmziegel eröffnet sich ein wahres Architekturkunstwerk, dessen spielerische Vielfalt und unerschöpflichen Variationen dem Auge immer wieder neue Reize bieten. Die liebevollen Verzierungen der Fenster mit weißem Gips, die schmucken Dachzimmer und die leuchtendbunten Glasfenster zaubern das Traumbild einer Stadt aus Tausendundeiner Nacht. Sana'a hat zwei Gesichter. Wie kaum eine andere Stadt hat es in den letzten dreißig Jahren einen unvorstellbaren Wandel

vollzogen. Noch bis in die siebziger Jahre hinein war Sana'a weitgehend umschlossen von einer Stadtmauer, und die heute nur noch dem Namen nach existierenden Stadttore führten in das enge Wirrwarr der Gassen und schmalen Pfade. An Autos und Verkehrsstraßen dachte zu dieser Zeit noch kaum jemand.

### Auf dem Weg zur Millionenstadt

Heute zeigt sich Sana'a anders. Neugegründete Stadtviertel schießen wie Pilze nach dem Regen aus dem Boden, und die Verkehrsstraßen sind chronisch verstopft mit unzähligen Peugeot-Taxis und Toyota-Jeeps. Aus einer verträumten Märchenstadt wurde so eine übervölkerte Großstadt, deren Bevölkerungszahl kurz davor steht, die für jemenitische Verhältnisse unvorstellbare Millionengrenze zu überschreiten. Seine natürlichen Grenzen der flächenmäßigen Ausdehnung hat Sana'a im Süden und Westen des Beckens schon erreicht.

Zentrum des modernen Sana'a ist der im Verkehr erstickende **Midan at-Tahrir**, der Platz der

Das Bab al-Jemen führt in den geschäftigen Suk al Milh

Befreiung, an dem ein alter Panzer an die heroischen Taten der mutigen Revolutionäre und Militärs erinnern soll. Das luxuriöse **Hotel Taj Sheba** oder die glitzernden Auslagen der Goldhändler in der **Gamal Abdul Nasser Street** hingegen könnten in jeder anderen arabischen Metropole stehen. Was Verkehr, Lärm und Abgasgestank angeht, nimmt es die **Ali Abdul Moghny Street** ohnehin mit jeder anderen arabischen Großstadt auf.

### Die Medina: lebendiges Herz der Stadt

Anders hingegen ist das alte Sana'a. Dank der nationalen und internationalen Bemühungen hat man es geschafft, die historische Altstadt in weiten Bereichen zu konservieren. Die **medina** ist dabei nicht zum musealen Vorzeigestück verkommen, sondern bis heute das Herz der Stadt geblieben. Eine wichtige Rolle bei der Aufgabe, den Altstadtkern mit Leben zu erfüllen, spielen dabei bis heute die wichtigen Moscheen und natürlich der **Suk al-Milh**, der große Suk. Er darf sicherlich zu den schönsten und noch urtümlichsten des arabischen Raumes gezählt werden. Nur wenige Schritte hinter dem Stadttor **Bab al-Jemen** taucht man ein in eine seit Hunderten von Jahren weitgehend gleichgebliebene Welt von Kaufleuten, Händlern und Handwerkern.

Die Gründung Sana'as wird der Legende nach auf den ältesten Sohn Noahs, Sem, zurückgeführt, der sich nach der Sintflut im Becken von Sana'a niederlassen wollte. Als das Wasser absank, stieß Noah an die Spitze des Jebel an-Nabi Shuayib und beschloß, in der Hochebene zu siedeln. Seinem Sohn Sem wies ein Vogel mit einem Zweig im Schnabel den richtigen Platz für die Gründung der Stadt Azal, der Vorläuferin Sana'as.

### Die Ursprünge der Stadt

Tatsächlich geht die Stadtgründung in weite Vorzeit zurück, denn die ersten Zeugnisse menschlicher Besiedlung reichen viel früher zurück als ins 6. Jahrhundert, in dem Sana'a unter dem äthiopischen Feldherrn Abraha zum ersten Mal Hauptstadt wurde. Die Spuren menschlicher Ansiedlungen im nahe gelegenen Wadi Dhar lassen sich bis ins 7. und 6. Jahrtausend v. Chr. verfolgen. Wenn sich auch für die Zeit der vorislamischen Königreiche Sana'a als Stadt nicht hundertprozentig belegen läßt, so legen die besondere Lage und Funde aus der vorislamischen Zeit ihre Existenz nahe. Auch in der islamischen Sagenwelt wird Sana'a eine herausragende Rolle zugesprochen. In Sana'a stand aller Wahrscheinlichkeit nach das sagenumwobene und prachtvolle **Schloß Ghumdan**, geschaffen von der Geisterhand der **djinns**. Spätestens aber seit dem Bau der **Großen Moschee** ist eine kontinuierliche Besiedlung und Geschichtsschreibung gewährleistet.

## Hotels

Zwei 5-Sterne-Hotels sorgen für angemessenen Luxus. Stimmungsvoll und weitgehend unseren westeuropäischen Ansprüchen an Sauberkeit und Komfort genügend sind die mitten in der Altstadt gelegenen Hotels und Funduks. Da es in Sana'a in der Altstadt keine Straßennamen gibt, fällt die Orientierung bisweilen etwas schwer.

### Al-Gashmy Hotel
Mitten in der Altstadt, nur wenige Minuten vom Sailah entfernt gelegener Funduk mit einfachen, aber sauberen Zimmern und einem phantastischen Blick vom Dach über die Altstadt. Gemütlicher mafradj. Abends werden im Hof einfache Grillgerichte zubereitet.
Harat al-Gashmy
P.O. Box 20826
Tel. 01/27 38 16, Fax 27 19 97
oder 27 38 55
15 Zimmer
Mittlere Preisklasse

### Golden Dhar
(→ Der Besondere Tip, S. 17)

### Haddah Ramada
Modernes, im internationalen Stil gehaltenes Hotel mit durchaus annehmbarem Service und eigenem Restaurant. Zeitweise Alkoholausschank. Nachteil ist die Lage weitab der Stadt im früher vor den Toren der Stadt gelegenen Ort Haddah.
Haddah Street
Tel. 01/21 52 12 und 21 52 14
Fax 26 30 94
Luxusklasse
Keine Kreditkarten

### Al-Hamd Palace Hotel
Einfaches Hotel in einem alten Haus der Imam-Familie. Zimmer teilweise mit eigenem Bad. Relativ weit entfernt von den touristischen Hauptsehenswürdigkeiten im ehemaligen türkischen Teil der Stadt gelegen. Eigenes Restaurant.
Al-Hay al-Izaya
Tel. 01/28 30 54 und 28 30 55
Fax 28 31 17
30 Zimmer und Bungalows
Mittlere Preisklasse

### Old Sana'a Palace Hotel
Altstadtfunduk mit einer einmalig kitschigen Ausstattung. Einfache Zimmer und kleines Restaurant.
Talha Zone
Tel. 01/28 30 23 und 7 69 90
Fax 26 52 02

### Plaza Hotel
Neues Hotel direkt gegenüber dem Taj Sheba mit Restaurant. Sauna und türkisches Bad im Hotel.
Ali Abdul Moghny Street
Tel. 01/27 91 00 und 27 25 92
Fax 27 26 04
Obere Preisklasse

### Sam City
An der verkehrsreichen Ali Abdu Moghny Street gelegenes Hotel. Einfache Zimmer mit Bad. Cafeteria und kleines Restaurant.
Ali Abdul Moghny Street
Tel. 01/27 07 52, Fax 27 51 68
72 Zimmer
Mittlere Preisklasse

### Sheraton Sana'a
Außerhalb gelegenes 5-Sterne-Hotel. Cafeteria und eine kleine Bar, in der auch alkoholische Getränke ausgeschenkt werden. Health-Centre, Tennisplätze und Swimmingpool.
Dhar Himyar Street
P.O. Box 2467
Tel. 01/23 75 00, Fax 25 15 21
190 Zimmer
Luxusklasse
Keine Kreditkarten, Rechnungen sind in Devisen zu bezahlen

SEHENSWERTE ORTE UND AUSFLUGSZIELE

Die Altstadt von Sana'a gehört
als Weltkulturdenkmal zu
den besonders schützenswerten
Baudenkmälern der Welt

**Sultan Palace Hotel**

Kleines, familiär geführtes und äußerst preiswertes Traveller-Hotel nahe dem Midan at-Tahrir mit freundlichem Personal. Sehr sauber, Etagenbäder. Restaurant.

Sana'a - Bustan as-Sultan

Tel. und Fax 01/27 37 66

Untere Preisklasse

**Taj Sheba**

Das luxuriöseste und am besten geführte Hotel in Sana'a. Günstige Lage in der Nähe der Altstadt. Swimmingpool und Health-Centre.

Ali Abdul Moghny Street

P.O. Box 773

Tel. 01/27 23 72, Fax 27 41 29

181 Zimmer

Luxusklasse

Keine Kreditkarten, Rechnungen sind in Devisen zu bezahlen

### Spaziergang

Einen rund dreistündigen ersten Stadtrundgang durch Sana'a beginnt man am besten am **Bab al-Jemen** und folgt dem Menschenstrom in den **Suk al-Milh**. Zunächst überquert man den Platz der Kleiderhändler, kommt an den Brotfrauen vorbei und gelangt hinter den Röstern, die in ihren Pfannen unter lautem Knakken Kichererbsen oder Melonenkerne rösten, zu den Stoffhändlern. Links erblickt man nun die Eingangstür zur **Samsarat an-Nawas**. Ein Rundgang durch die restaurierte Karawanserei ist vor allem aus architektonischer Sicht empfehlenswert. Unbedingt sollte man auch versuchen, den Schlüssel für die Dachterrasse zu bekommen. Von oben bietet sich ein faszinierender Rundblick.

Nächstes Ziel ist der **Gewürzmarkt** mit seiner reichhaltigen Auswahl exotischer Gewürze und der **Suk al-Fiddah**, der Silbermarkt, mit seinem schier unerschöpflichen Angebot an Silberschmuck. Versteckt zwischen den Verkaufsständen finden sich immer wieder die Eingänge zu noch bewirtschafteten Karawansereien. Trifft man auf den **Djambia-Markt**, so lohnt ein Blick in die nur wenige Schritte entfernte **Samsarat az-Zabib**, in der vielerlei Sorten getrockneter Rosinen zwischengelagert werden. Durch den Sukbereich der Gürtelmacher und Klingenschmiede kommt man in den abgeschlossenen Bereich der Schmiede und einige wenige Schritte weiter zur **Samsarat al-Mansurah**. In der Samsarat stellen u. a. jemenitische Künstler ihre Arbeiten aus. Schräg hinter der Samsarat trifft man auf die **Große Moschee Djame al-Kabir**. Folgt man weiter über die gepflasterten Gasse, vorbei am **Hotel Old Sana'a Palace** und dem **Funduk al-Gashmy**, so gelangt man zum Garten **Harat al-Gashmy** und dem Trockenflußbett, dem **Sailah**. Hier sollte man sich nicht halten und zumindest ein Stück dem Flußbett folgen, denn der Ausblick auf die Häuserfronten ist beeindruckend. An der steinernen Brücke kann man wieder in das enge Gewirr der Altstadtgassen eintauchen und dem gepflasterten Weg vorbei am **Golden Dhar Hotel** weiter folgen, bis man wieder in den Suk und zum »**Platz der hinkenden Esel**« kommt. Durch die Gasse der Geldwechsler erreicht man wieder den Hauptweg, der zurück zum rechts liegenden Bab al-Jemen führt.

Den Nachmittag kann man gut rund um den **Midan at-Tahrir** verbringen und im ehemaligen **Palastbereich Al-Mutawakil** das Nationalmuseum und das **Volkskundemuseum** besuchen. Wer noch Lust hat, folgt am späten Nachmittag der vom Midan at-Tahrir abzweigenden Einkaufsmeile, der **Gamal Abdul Nasser Street**.

## Sehenswertes

### Bab al-Jemen
Das von den Türken errichtete Gebäude ist das letzte noch vorhandene Stadttor. Beachtenswert sind die gewaltigen Torflügel, an denen man immer noch die Spuren der Kämpfe zwischen königstreuen Truppen und Republikanern finden kann. Im Torbogen wurden noch in den neunziger Jahren die Köpfe hingerichteter Schwerverbrecher aufgehängt.

### Große Moschee
Die Djame al-Kabir wurde bereits zu Lebzeiten des Propheten gegründet und ist mit der Moschee von Al-Janad das älteste islamische Gebäude im Jemen. Im Inneren der Moschee finden sich eine Reihe alter Säulen und Spolien, die darauf schließen lassen, daß hier entweder Teile des Palastes Ghumdan oder der vom äthiopischen Feldherrn Abraha errichteten christlichen Kirche verwendet wurden. Bei Restaurierungsarbeiten fand man in der Zwischendecke der Moschee Tausende von Koranfragmenten, deren älteste Exemplare bis ins 7. Jh. zurückdatieren. Dieser bedeutende Fund wird zur Zeit am Institut für Handschriften restauriert und ausgewertet. Keine Besichtigung möglich.

### Samsarat Abu Nawas
Im Suk al-Milh gelegene Großkarawanserei, die vorbildlich restauriert wurde. In den Räumen der dreistöckigen Karawanserei sind heimische Kunsthandwerker untergebracht. Auf der offenen Dachterrasse gibt es einen kleinen Teeladen. Der Zugang zum Dach ist meist verschlossen, den Schlüssel bekommt man in einem der oben liegenden Büros.
Suk al-Milh
Sa–Do 9–17 Uhr, Fr geschl.

### Samsarat al-Mansurah
Die Anlage der Karawanserei legt die Vermutung nahe, daß darin wertvolle Handelsgüter untergebracht waren, denn die Zimmer sind im Gegensatz zu anderen Karawansereien winzigst. Die vorbildlich restaurierte Karawanserei dient heute jemenitischen Künstlern als Ausstellungsforum. Besonders interessant ist auch die Fotoausstellung mit Aufnahmen aus Sana'a um 1911, denen heutige Aufnahmen gegenübergestellt sind. Auf der Dachterrasse gibt es eine Cafeteria.
Im Münchner Karl Lipp Verlag ist eine ausführliche Dokumentation über die Restaurierung der Samsarat al-Mansurah erschienen.
Suk al-Milh
Mo–Do 9–12 und 16–19 Uhr, Fr geschl.

### As-Sailah
Der Sailah ist das Trockenflußbett, das sich von Süd nach Nord verlaufend durch die Altstadt gegraben hat. Während der Regenzeit kann der Wasserspiegel durchaus bis an die Gartenmauern heranreichen. Die restlichen Monate ist das Bett völlig trocken und wird als zusätzliche Fahrstraße verwendet.

### Suk al-Milh
Der Name bedeutet eigentlich »Markt des Salzes«. Im vielleicht schönsten Suk des Orients finden sich sämtliche Waren und Handelsgüter, die grundsätzlich länger zu lagern sind, wie etwa Gewürze, Getreide, Kaffee oder Qishr, aber auch Handwerksbetriebe, Djambia-Händler, Stoffhändler, Geldwechsler und natürlich Schmuckhändler im Suk al-Fiddah. Die Orientierung in den engen Gassen fällt nicht leicht, und sucht man vergebens den Ausgang, dann mag einem der Satz »fen illa al-bab

al-jemen« (»Wo geht es zum Bab al-Jemen«) weiterhelfen. Die beste Zeit für einen Sukbesuch ist der Vormittag oder der späte Nachmittag.

## Suk as-Sabah

Wo früher das Bab as-Sabah, das Tor des Morgens, stand und sich die Händler der einstigen türkischen Gartenstadt trafen, ist bis heute der morgendliche Suk für Frischprodukte. In den frühen Vormittagsstunden, wenn die verschleierten Jemenitinnen hierher zum Einkaufen kommen, einer der schönsten Plätze Sana'as.

### Museen

## Militärmuseum

Wer eine Vorliebe für alte Vorderlader hat oder sich für den alten amerikanischen PKW Imam Yahyas interessiert, unscharfe Schwarzweißfotos aus den Tagen der glorreichen Revolution sucht, sollte hierher kommen.
Midan at-Tahrir
Sa–Do 9–12 Uhr
Eintritt 30 Rial

## Nationalmuseum

Im ehemaligen Palastbezirk Al-Mutawakil ist im Dhar as-Saad, dem Haus des Glücks, das Mataf al-Watani, das Nationalmuseum, untergebracht. Das vorbildlich geführte Museum zeigt in vier Stockwerken bedeutende Exponate aus allen Epochen der jemenitischen Geschichte. Im Erdgeschoß kann man die Repliken von Statuen der beiden himjaritischen Herrscher Damar und Tharan besichtigen. Das erste Stockwerk beherbergt Funde aus den altsüdarabischen Königreichen, Inschriftensteine und ein Modell des Tempels von Al-Bayda. Der zweite Stock ist gänzlich der islamischen Kunst vorbehalten. Im dritten Stockwerk befindet sich eine kleine ethnologische Ausstellung.
Palastbezirk Al-Mutawakil
Ali Abdul Moghny Street
Mo–Do 8.30–13 und 15–17 Uhr
Fr nur vormittags geöffnet
Eintritt 30 Rial

## DER BESONDERE TIP

**V**olkskundemuseum im Dar ash-Shukr 1995 wurde im ehemaligen, ebenfalls zum Palastbereich gehörenden Dar ash-Shukr, dem Haus des Dankes, ein sehr sehenswertes Volkskundemuseum eingerichtet. Zu den Exponaten gehören ein komplettes Beduinenzelt, traditioneller Schmuck, Kunsthandwerk, Leder-, Töpfer- oder Metallarbeiten und auch ein jemenitisches Klassenzimmer. Palastbezirk Al-Mutawakil, Eingang am Midan at-Tahrir, Mo–Do 9–12 und 16–19 Uhr, Fr nur vormittags geöffnet, Eintritt 30 Rial

## Essen und Trinken

Die Auswahl an einfachsten Garküchen ist in Sana'a unerschöpflich, die an empfehlenswerten Restaurants äußerst gering. Grundsätzlich sind die Restaurants der großen Hotels zu empfehlen. Auch Jemeniten, die einmal fein ausgehen wollen, kommen in die großen Hotels.

### Al-Bustan

Gemütlich eingerichtetes, etwas vornehmeres Gartenrestaurant mit vorwiegend libanesischer Küche.
Al-Qasr al-Jumuriah Street
Tel. 01/27 50 02
Obere Preisklasse

### Al-Halawani

Libanesische Küche kann man im Gartenrestaurant Al-Halawani in einer Seitengasse der Az-Zubayri Street, nahe dem Telefoncentre und der Chinesischen Botschaft, genießen. Abends sollte man vorbestellen.
Tel. 01/24 51 61

### Al-Hamd Palace

Im Restaurant des Al-Hamd-Hotels serviert man auch jemenitische Küche, bei Vorbestellung sind größere Jemen-Dinner möglich.
Hotel Dar al-Hamd
Al-Hay al-Izaya
Tel. 01/28 30 54

### Al-Hana Restaurant

Mohammed Ahmed Ali Awn führt nahe der alten Universität ein ausgezeichnetes Fischrestaurant. Hier bekommt man täglich äußerst delikat zubereiteten Fisch im Tannur-Ofen.
Westlich der Alten Sana'a Universität-Street N. 9
Mittlere Preisklasse

### Wadi Bana Restaurant

Zur Zeit das beliebteste Restaurant in Sana'a, was sowohl von der ordentlichen Küche als auch von den wasserüberspülten Scheiben herrühren mag. Meist überfüllt.
Al-Manahma-Street
Tgl. 9–21 Uhr

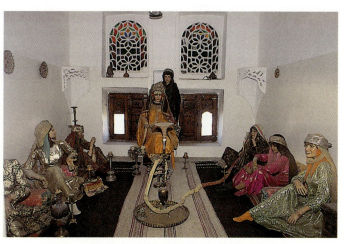

Nachgestellte Hochzeitsfeierlichkeiten im Nationalmuseum

SEHENSWERTE ORTE UND AUSFLUGSZIELE

## Einkaufen

**Kunstgalerie Al-Futah**
Der Künstler Al-Futah, der in Deutschland studierte, ist der bekannteste Vertreter moderner Kunst im Jemen. In seiner Gallery No. 1 – ein Ableger findet sich auch in der Samsarat al-Mansurah – kann man von Postkarten bis ganzen Gemälden Kunstwerke in allen Preislagen erstehen.
Mogahed Street
Tel. 01/21 64 60

**Suk al-Djanubi**
Wer nach einer schmucken Djambia (Mehrzahl Djanubi) sucht, findet im Suk al-Milh bei den Djambiahändlern sicherlich die größte Auswahl. Die Preise liegen zwischen zwei und mehreren hundert Dollar.

**Suk al-Fiddah**
Der Silbermarkt im alten Suk von Sana'a bietet eine reichhaltige Auswahl an traditionellem Silber- und Beduinenschmuck. Jemenitische Frauen tragen inzwischen lieber Goldschmuck. Das Angebot, das weitaus größer ist als in anderen jemenitischen Städten, ist in fast allen Läden gleich umfangreich. Umarbeitungen, die aus einem gewichtigen Kopfschmuck mehrere kleinere Halsketten werden lassen, sind dabei an der Tagesordnung. Ein Teil des Schmuckes, vor allem Ketten mit glitzernden Halbedelsteinen, stammen nicht aus dem Jemen.

## Service

Die örtlichen Reiseveranstalter organisieren nicht nur Rundreisen und Flugtickets, sondern vermitteln vor allem auch Fahrer mit Geländewagen. Die Zahl der kleineren Reiseagenturen ist in den letzten Jahren in keinem Verhältnis zum bestehenden Besucherstrom angewachsen. Wer sicher und zuverlässig bedient werden möchte und einen professionellen Fahrer sucht, der mit den Gepflogenheiten der einzelnen Regionen vertraut ist, sollte sich – auch wenn es etwas teurer ist – zur eigenen Sicherheit an eine der großen Agenturen wenden.

**ABM-Tours**
Abu Monassar leitet eine der großen Agenturen, die über mehrsprachige Guides und Fahrer verfügt.
P.O. Box 10420
Tel. 01/27 08 56/7

**Al-Mamoon**
Bekannte Agentur mit mehrsprachigen Guides und Fahrern.
Tel. 01/27 62 99 und 24 20 08,
Fax 24 09 84

**Bazara Travel & Tourism**
Gehört mit zu den ältesten Veranstaltern in Sana'a, mehrsprachige Guides.
Az-Zubayri Street (nahe der Kreuzung nach Haddah)
Tel. 01/28 38 65 und 28 59 25,
Fax 28 95 68

**Universal Tourism**
Zweitgrößter, vor allem bei italienischen Gästen bevorzugter Veranstalter mit eigenen Hotels.
Al-Bounia Street
Tel. 01/27 28 61/2/3, Fax 27 23 84

## YATA

Herr Abutalib, Leiter der ältesten und größten Agentur im Jemen, ist maßgeblich an der Entwicklung des Tourismus im Jemen beteiligt gewesen und genießt höchstes Ansehen im ganzen Land. Seine Fahrer und Guides sind absolut zuverlässige Profis.
Airport Road No. 9
Tel. 01/22 42 36, Fax 25 15 97

## Busse und Sammeltaxis

Die Sammelstellen für die Überlandtaxis finden sich an den großen Ausfallstraßen. Die Station der Überlandbusse ist in der Az-Zubayri Street zwischen dem Bab al-Jemen und dem Sailah.

## Post

Das Postamt befindet sich am Midan at-Tahrir. Hier bekommt man auch bei den fliegenden Händlern die sonst so raren Postkarten.
Sa–Do 8–12 und 15–18 Uhr

## Sprachkurs

Das Yemen Language Centre veranstaltet Arabischkurse mit Unterbringung in jemenitischen Gastfamilien. Auch individuelle Kurse.
Yemen Language Centre
P.O. Box 16961
Tel. 01/28 51 25, Fax 28 92 49
Kontakt in Deutschland über:
Christine Wernitzky
Ringstr. 102
12203 Berlin
Tel. 0 30/83 38 88 19

## Taxis

Davon gibt es genug, ob man sich jedoch hineinsetzen möchte, sollte jeder selbst entscheiden. Ortskenntnisse darf man von den Taxifahrern nicht erwarten. Straßennamen sind weitgehend unbekannt. Unbedingt vorher den Preis aushandeln.

## Tourism Department

Ein bescheidenes Informationsbüro findet sich am Ende des Midan at-Tahrir.
Tgl. 8–13 Uhr

Wer Gewürze sucht, ist hier im Suk richtig

# Ausflugsziele

Sana'a ist ein guter Standort für ein- oder mehrtägige Ausflüge. Die folgenden Ausflugsziele sind allesamt Halb- oder Ganztagesausflüge, bei denen man wieder ins Hotel in Sana'a zurückkehren kann.

## Amran ■ C 4

Die geschäftige Stadt Amran, knappe 50 km nördlich von Sana'a, ist landwirtschaftliches Zentrum und Hauptort der fruchtbaren Ebene von Amran, in der Gemüse und Getreide ausnahmsweise einmal auf großen Feldern und nicht auf kleinen Terrassen angebaut werden. Die Altstadt von Amran, ebenfalls von einer fast vollständigen Stadtmauer umgeben, ist ein schönes Beispiel für die typisch jemenitische Stein- und Lehmarchitektur. Die schmucken Häuser von Amran sind noch keine reinen Lehmhäuser wie etwa in Sadah oder dem Hadramaut, sondern besitzen ein steinernes Fundament, das mit Lehm verkleidet wurde. Im Stadttor kann man noch wie im letzten Jahrhundert im vergitterten Stadtgefängnis die kleinen Ganoven des Ortes besuchen, ein paar Schritte entfernt steht eine große Karawanserei. In Amran finden sich immer wieder sabäische und himjaritische Spolien in die Lehmfassaden verbaut.

## Ar-Rawdah ■ C 4

Viele wohlhabende Familien aus Sana'a besitzen in dem kleinen Vorort ein zweites Haus und ziehen sich über die Feiertage oder an den Wochenenden in die ruhige Gartenstadt zurück. Wer ruhig und abseits des Lärms von Sana'a wohnen will, kann sich in das Ar-Rawdah-Hotel zurückziehen.

### Hotel

**Ar-Rawdah Palace**
Einfaches Hotel in einem traditionellen Steinhaus. Angenehm ruhig. Eigener Hotelgarten.
P.O. Box 1049
Tel. 01/27 67 11, Fax 27 67 13
15 Zimmer
Untere Preisklasse

## Dhamar ■ C 5

Fruchtbare Felder mit Tomaten, Sorghum und Getreide prägen das Bild der Ebene von Dhamar, die man südlich von Sana'a über den 2600 m hohen Naqil Yislah erreicht. Unterwegs fährt man auch durch das geschäftige Mabar, das 1982 von einem heftigen Erdbeben erschüttert wurde. Dhamar war ab dem 14. Jh. ein wichtiges Gelehrtenzentrum, und einige bedeutende Imame sind in der Großen Moschee von Dhamar beigesetzt. In früherer Zeit gab es hier auch eine bedeutende Pferdezucht, und schon Marco Polo rühmte die Ausdauer der Hochlandpferde.

## Hajjah ■ B 4

Für die Fahrt ins rund 120 km entfernte Hajjah benötigt man auf guter Straße rund drei Stunden. Unterwegs bietet sich der Besuch von Amran und Kuhlan an. Hajjah ist eine sehr moderne Stadt, in der auch die Provinzverwaltung ihren Sitz hat. An Sehenswürdigkeiten hat Hajjah wenig zu bieten. Beeindruckend ist die Fahrt durch das fruchtbare Wadi Sharis und von dort hoch nach Hajjah. In dem schattigen Flußtal finden sich eine Reihe ansehnlicher Bäume. Zum Teil wird hier auch Kaffee angebaut. Der Bergrücken von Hajjah ist auch eine klimatische Grenze. Hinter Hajjah beginnt die trockene Übergangszone in die Gebirgstihama, die dann in den Küstenstreifen der nördlichen Tihama übergeht. Hajjah gehörte zu den besonders imamtreuen Orten im Jemen und fiel ebenfalls wie Kawkaban oder Marib dem Bombardement der Ägypter zum Opfer. Ein Grund dafür, daß wenig alte Bausubstanz vorhanden ist. In Hajjah hielt Imam Yahya auch die Scheichsöhne der einzelnen jemenitischen Stämme als Sicherheitspfand fest. Der letzte jemenitische Imam al-Badr konnte nach seiner Flucht aus dem Gefängnis von Sana'a nach Hajjah fliehen und von dort aus den Widerstand gegen die republikanischen Truppen organisieren.

### Hotel

**Ghamdan Hajjah Hotel**
Erstaunlich luxuriöses Hotel mit einem fast schon vornehmen Restaurant.
P.O. Box 80043
Tel. 07/22 04 20/1, Fax 22 04 23
30 Zimmer
Mittlere Preisklasse

# Hammam Ali ■ C 4/C 5

Von Dhamar aus erreicht man über eine staubige Piste den jemenitischen Kurort Hammam Ali mit heißen Thermalquellen und mehreren Badehäusern. Die Weiterfahrt durch das fruchtbare Wadi nach Madinat ash-Shirq ist landschaftlich reizvoll.

# Hammam Damt ■ C 5

Vom Durchgangsort Yarim, kurz vor dem 2950 m hohen Naqil Shumarah, führt eine gutausgebaute Teerstraße durch den landschaftlich reizvollen Oberlauf des grünen Wadi Bana. In Hammam Damt locken ein ca. 150 m hoher Sinterkrater, der über eine Eisenleiter bestiegen werden kann, und ein einheimisches Thermalbad.

# Kuhlan ■ C 4

Weitere 30 km westlich von Amran, auf dem Weg ins Bergstädtchen Hajjah, erreicht man den steilen Abbruch ins Wadi Sharis. Kurz bevor die Straße in weit ausladenden Kurven ins Tal abfällt, kann man ganz im Norden noch den Jebel Shaharah erkennen. Der alte Ort Kuhlan ist einer der typischsten verteidigungstechnisch angelegten Wehr- und Fluchtburgen des Bergjemen. Über die von den Chinesen wagemutig durch die blanke Felswand geführte Straße erreicht man Kuhlan. Von hier führt ein teilweise schlechter Fußweg zur alten, verlassenen Verteidigungsanlage auf der aussichtsreichen Anhöhe. Ein zweiter Weg führt hinunter in den neuen Ort. Wer mit dem Wagen gekommen ist, sollte sich im neuen Ortsteil am Suk abholen lassen.

# Rada ■ D 5

Umgeben von fruchtbaren Getreide- und Katfeldern liegt Rada auf halber Strecke zwischen Dhamar und Al-Bayda. Überragt wird die Altstadt von der mächtigen Festung Al-Qala, in der aber eine Polizeistation untergebracht ist. Rada besitzt mit dem Funduk Arsh Bilqis eine stimmungsvolle, wenn auch einfache Übernachtungsmöglichkeit in einem traditionellen Steinhaus. Unbedingt sehenswert ist die 1504 errichtete Al-Amariya-Moschee, die neben der Al-Ashratiya in Taizz die kunstvollste des ganzen Jemen ist.

# Shibam – Kawkaban ■ C 4

Der Freitagsmarkt in Shibam, ca. 35 km nordwestlich von Sana'a, ist einer der lebhaftesten und größten Wochenmärkte rund um Sana'a. Neben dem Wochenmarkt und einigen alten Sukläden ist in Shibam u. a. die Moschee von Bedeutung, die aus dem 9. Jh. stammt und mit zu den ältesten islamischen Gebäuden zählt. Schon in vorislamischer Zeit war Shibam ein bedeutender Ort, an dem sich ein berühmtes Heiligtum befand.

Beeindruckend ist die oberhalb von Shibam gelegene Fluchtburg Kawkaban, eine relativ weit verstreute Ansiedlung auf dem Hochplateau, die an drei Seiten durch die steil abfallenden Canyonwände und an einer Seite durch eine gewaltige Festungsmauer geschützt ist. Ein Großteil der aus Bruchsteinen errichteten Häuser ist stark beschädigt. Dies geht zum einen auf die Bombardierung Kawkabans durch die ägyptische Luftwaffe im Bürgerkrieg zurück, zum anderen darauf, daß viele Familien von Kawkaban ins bequemer erreichbare Shibam oder nach Sana'a gezogen sind. Sehenswert ist der Blick vom Abbruch des Tafelberges auf Shibam.

### Übernachtungsmöglichkeit

**Funduk Kawkaban**
Der heimelige Funduk mit einem ansprechenden Restaurant ermöglicht eine zwar kalte, aber romantische Übernachtung in Kawkaban.
P.O. Box 32511
Tel. 01/4 23 11, Fax 21 84 06
11 Zimmer mit mehreren Schlafmöglichkeiten
Untere Preisklasse

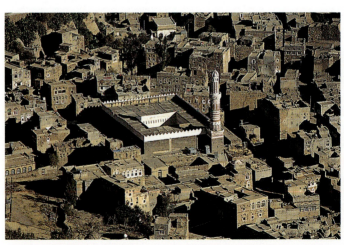

Blick von Kawkaban auf die Moschee von Shibam

## Thula ■ C 4

Rund 10 km von Shibam entfernt
erreicht man den kleinen Ort Thula,
eines der schönsten Beispiele für
jemenitische Steinarchitektur. Die
Altstadt ist noch vollständig umschlossen von der Stadtmauer, und
auch das Stadttor leistet noch seinen Dienst. Beeindruckend ist ein
Rundgang durch die engen Gassen
mit den meist vier- und fünfstöcki-
gen Häusern, die ohne Zement aus
behauenen Steinen aufgebaut wurden. Der Funduk, ein ehemaliges
Haus aus dem Privatbesitz der Familie des Imam, ist ähnlich wie in Kawkaban als einfache, aber romantische
Unterkunft zu nutzen. Am Stadtplatz
sind auch einige gutbestückte Silberläden. Wie auch Shibam besitzt
Thula eine eigene Fluchtburg, in der
sich die Bewohner der Stadt vor den
Angreifern zurückziehen konnten.
Der Felsen mit den Verteidigungsan-
lagen und einer großen Zisterne ist
aber leider militärisches Sperrgebiet.

### Übernachtungsmöglichkeit

**Funduk Thula**
Tel. 01/81 10 82 und 81 10 83
10 Zimmer mit mehreren Schlafmöglichkeiten
Untere Preisklasse

### Museum

**Thula Tourist House**
In einem der prächtigen Häuser der
Altstadt wurde ein kleines privates
Museum eingerichtet.
Eintritt 50 Rial.

## Wadi Dhar und der Felsenpalast ■ C 4

Rund 10 km nördlich von Sana'a
liegt das Wadi Dhar, ein fast gänzlich von Gärten und Katplantagen
durchzogenes Seitental. Die
leuchtendgrünen Gärten und
Katplantagen sind ein erfri-
schender Anblick im sonst eher
eintönig erdfarbenen Jemen. Im
Talboden befindet sich auch der berühmte, aus den 30er Jahren stammende Felsenpalast Dhar al-Hajjah
des Imam Yahya. Der beste Tag für
einen Besuch des Wadi Dhar ist
der Freitag, denn zwischen 9 und
11 Uhr vormittags treffen sich auf
einem nahe gelegenen Felsplateau
die Hochzeitsgesellschaften aus
Sana'a zum traditionellen Djambia-
Tanz der Männer. Die heitere und
ausgelassene Stimmung und die
improvisierten Stände und Süßig-
keitenverkäufer erinnern fast an ein
kleines Volksfest. Vom Felsabbruch
bietet sich ein wunderbarer Ausblick
auf den Felsenpalast Dhar al-Hajjah.
Trutzig und wehrhaft steht dieser
auf einem ca. 50 m hohen Sandstein-
felsen. Ein durch den ganzen Felsen
getriebener Brunnenschacht sicherte dem Gebäude auch bei einer
möglichen Belagerung eine eigene
Wasserversorgung. Im Inneren
eröffnet sich eine Vielzahl verwirren-
der Treppen und Zimmer, die aber
allesamt auf die blendend weiß
gestrichene Dachterrasse führen.
Die Zimmer sind alle nicht eingerichtet, und es ist bis heute nicht klar,
welchem Zweck das Gebäude einmal zugeführt werden soll. Das Dhar
al-Hajjah ist grundsätzlich zu besichtigen, nur gibt es manchmal Probleme mit dem Schlüssel. Das
Schmuckgeschäft am Eingang ist
gerne behilflich.

**TOP TEN 10**

**T**aizz hat sich zu einer quirligen Metropole entwickelt. Stimmungsvoll und romantisch wie zu Carsten Niebuhrs Zeiten ist der Suk in der Altstadt.

### Taizz und der Süden
■ C 5

Vom heißen Küstenklima Adens abgeschirmt durch den 3006 Meter hohen **Jebel Sabir** und den fast ebenso hohen **Jebel Habashi**, kann das auf rund 1400 Meter Höhe liegende Taizz mit einem sehr angenehmen Klima aufwarten. Die Tage sind nicht zu heiß, die Luftfeuchtigkeit ist nicht zu drückend, und in den Nächten wird es angenehm kühl in der Stadt. Dies wußten auch die sassanidischen Eroberer zu schätzen, und als **Turanshah** im Auftrag seines Bruders Saladin 1175 den südlichen Jemen eroberte, richtete er am Fuße des Jebel Sabir sein Heerlager ein. Mit diesem Zeitpunkt beginnt auch die Geschichte der Stadt Taizz, die in Nachfolge der Sassaniden unter der Dynastie der Rasuliden einen für den Jemen mehr als bedeutsamen kulturellen Höhepunkt erlebte. Die **Ashrafiyah-Moschee**, erbaut unter den beiden Rasulidenherrschern **Al-Ashraf I.** und **Al-Ashraf II.**, gehört zu den beeindruckendsten

Blick vom Minarett der Ashrafiyah-Moschee

sakralen Bauten des ganzen Landes und ist mit ihren beiden schlanken Minaretten bis heute das Wahrzeichen der Stadt geblieben.

### Die Stadt der Diplomaten

Während der letzten Jahrhunderte war Taizz das Tor zum Jemen, denn wer auch immer um die Erlaubnis des Imams bat, in die heilige Stadt Sana'a und das verschlossene Landesinnere vordringen zu dürfen, mußte über Taizz einreisen. So auch der berühmte Jemenforscher **Carsten Niehbur**, der im Jahre 1762 nach Taizz kam. In unserem Jahrhundert, als der Jemen langsam daran ging, Kontakte mit der Außenwelt aufzunehmen, siedelten sich die ausländischen Botschaften in Taizz an. Stand ein Termin mit dem regierenden Imam an, mußten die Botschaften über den damals noch mehr als abenteuerlichen **Naqil Shumarah** nach Sana'a reisen. **Imam Ahmed**, der letzte regierende Imam, hatte in Taizz seinen Sitz, nachdem er seinen Soldaten die sakrosankte Stadt Sana'a 1948 nach der mißglückten Revolution zur Plünderung freigegeben hatte. Sein Palast ist heute ein sehenswertes Museum.

### Das wirtschaftliche Zentrum des Jemen

In den letzten Jahren hat Taizz einen rapiden wirtschaftlichen Aufschwung genommen. Rund um die Stadt haben sich für das

Die Kuppeln der Ashrafiyah-Moschee sind kunstvoll ausgemalt

Land bedeutende Industriebetriebe angesiedelt. Dies führte dazu, daß Taizz sich in diesem Zeitraum stark vergrößert hat. Der ständige Verkehrsstau auf der quer durch die Stadt führenden Hauptstraße, der **Gamal Street**, ist nur das geringste Übel. Was viel schwerer wiegt: inzwischen steht aufgrund des starken wirtschaftlichen Aufschwungs und der hohen Stadtbevölkerung Taizz vor schwerwiegenden Wasserproblemen.

Das Interesse der meisten Besucher aber gilt natürlich der Altstadt, und wenn man durch das **Bab al-Kabir**, das Große Tor, in den Suk von Taizz eintaucht, erlebt man wie so oft im Jemen eine Zeitreise in längst vergangene Tage.

## Hotels

Taizz kann mit ordentlichen, modernen Hotels aufwarten. Wer abends in den Suk möchte, sollte nahe der Altstadt wohnen.

### Burg At-Tahrir

Eine einfache, aber saubere Unterkunftsmöglichkeit. Der morgendliche Lärm der umliegenden Handwerker sorgt allerdings für einen kurzen Schlaf.
Tahrir Street
Tel. 04/22 14 88
26 Zimmer
Untere Preisklasse

### Marib

Das Hotel wurde erst vor kurzem neu renoviert und ist die »Nobelabsteige« von Taizz. Sowohl die Zimmer, als auch der Service und das Restaurant sind aber nur in sehr bescheidenem Maße wirklich exklusiv.
Jebel ad-Dabwa
Tel. 04/21 03 50/1
60 Zimmer
Obere Preisklasse

### Al-Mukhtar Hotel

Das klassische Taizz-Hotel wird vor allem von Reisegruppen gebucht. Kleine Zimmer und ein gutes Restaurant. In Altstadtnähe gelegen.
P.O. Box 55602
Tel. 04/22 24 91 und 21 47 19
Fax 21 47 18
21 Zimmer
Mittlere Preisklasse

### Yemen Tourism Hotel

Ein modernes arabisches Hotel. Einfache Zimmer und gutes Restaurant. In Altstadtnähe.
Ossaifira Street
Tel. 04/21 95 22 und 21 95 23
Fax 21 95 25
25 Zimmer
Mittlere Preisklasse

## Spaziergang

Die direkt auf das **Bab al-Kabir** zulaufende **Tahrir Street** ist die wichtigste Einkaufsstraße in Taizz. Also sollte man seinen Stadtrundgang ruhig hier beginnen. Stoffhändler, Parfümerien, Elektrogeschäfte und der Katmarkt säumen die Straße, und fliegende Händler bieten auf Handkarren ihre Waren feil. Am Ende der Tahrir Street stößt man auf das Bab al-Kabir, durch das man die Altstadt von Taizz betritt. Wenige Schritte hinter dem Tor gabelt sich der Hauptweg, und man sollte sich die rechte Sukgasse für den weiteren Weg auswählen. Vorbei an den Dattelhändlern gelangt man zu den Gewürzhändlern und den Kaffeeröstern, die teilweise noch mit alten deutschen Röstmaschinen arbeiten. Am Ende der Gasse trifft man nach einer kleinen Kurve auf das **Bab Mussa**, das zweite noch erhaltene Tor der Stadtbefestigung. Außerhalb des Tores findet während des Ramadans ein farbenprächtiger **Abendmarkt** statt, an dem die unverschleierten Frauen vom Jebel Sabir ihre frischen Waren anbieten. Man wendet sich nun wieder in rückwärtige Richtung dem **Suk** zu und gelangt durch die bunte Straße der Stoffhändler wieder zum Kreuzungspunkt nahe dem Bab al-Kabir. Hier wendet man sich nach rechts und passiert die Silberläden, Garküchen und Brotfrauen. Dem Hauptweg folgend, kommt man nun durch etwas ruhigere Gassen, vorbei an der **Al-Muzaffar-Moschee** und der **Medressa** zur berühmten Al-Ashrafiyah.

## Sehenswertes

Einen schönen Rundblick über die Moscheen der Stadt kann man vom Minarett der Ashrafiyah-Moschee genießen. Blickt man vom Ausruf des Muezzins hinunter auf Taizz, so kann man ganz links die Al-Hadi-Moschee erkennen, direkt vor einem liegt die Medressa, die Koranschule der Ashrafiyah-Moschee, einige Häuserzeilen weiter leuchten die zwanzig Kuppeln der Mutabyiah-Moschee, und auch die Al-Muzaffar-Moschee kann man gut an dem leuchtendweißen Minarett erkennen.

### Ashrafiyah-Moschee
Die Moschee wurde im 13. und 14. Jh. in zwei Bauetappen unter der Herrschaft der beiden gleichnamigen Rasulidenherrscher errichtet. Sie besitzt im Gegensatz zu den meisten anderen jemenitischen Moscheen keinen Innenhof, sondern ist bis auf einen kleinen Innenbereich nahezu vollständig mit Kuppeldächern überdeckt. Einmalig sind die farbenprächtigen, leider stark angegriffenen Kuppelgemälde mit floralem Dekor, Rosetten und Kalligraphien. Gipsornamente und kalligraphische Koransuren schmükken in einem umlaufenden Band die Seitenmauern und die Gebetsnische, den **mirhab**. Vor der Gebetshalle finden sich in Seitenräumen die Grabstätten der Familie Al-Ashraf. Einen Blick sollte man auch auf das Hauptportal mit seiner wuchtigen Holztür und auf die Waschplätze werfen. Über eine steile Wendeltreppe kann man eines der beiden Minarette besteigen. Die beste Zeit für eine Besichtigung ist der frühe Vormittag. Grundsätzlich besteht kein Zugangsrecht zur Moschee, gegen ein angemessenes **bakshish** aber öffnet der Imam für kurze Zeit die Gebetshalle.

### Bab al-Kabir und Bab Mussa
Die beiden Stadttore sind Bestandteile der nur noch teilweise erhaltenen, ebenfalls aus rasulidischer Zeit stammenden Festungsmauer.

### Al-Hadi-Moschee
Die kleine Moschee liegt etwas erhöht und ist umgeben von den blühenden Bougainvilleagärten der benachbarten Häuser. Besonders schön sind in der Moschee die kunstvollen Wasserbecken. Mit etwas Glück darf man einen Blick in den Innenhof werfen.

### Al-Mutabiyah-Moschee
Allein wegen der kunstvollen Fassadengestaltung lohnt der Fußweg zur Mutabiyah-Moschee, die ebenfalls aus der rasulidischen Epoche stammt. Wie auch die Ashrafiyah und die Al-Muzaffar entspricht sie mit ihren zwanzig Kuppeln nicht dem sonst im Jemen üblichen Grundriß der sich an der Moschee in Mekka orientierenden Gotteshäuser, wie man sie etwa in Sana'a, Shibam oder Al-Janad findet.

### Al-Muzaffar-Moschee
Neben der Ashrafiyah ist die Al-Muzaffar ein weiteres bedeutendes Bauwerk der rasulidischen Epoche in Taizz. Die im 14. Jh. errichtete Moschee fällt durch ihre unterschiedliche Kuppelgestaltung und ihren vom sonst üblichen Schema der Moscheen abweichenden Grundriß auf. Das Minarett, das im Stile der mit Ziegeldekor geschmückten Türme in Sana'a gestaltet ist, stammt allerdings erst aus dem Jahre 1986.

## Museum

### Nationalmuseum Taizz

Das oberhalb des Postamts gelegene Museum ist im Palast des Imam Ahmed untergebracht und zeigt in einem unvorstellbaren Wirrwarr und Durcheinander vor allem die persönlichen Habseligkeiten des Imams und seiner Familie. Die Bandbreite der Exponate reicht von kitschigstem Murano-Glas über Literflaschen billigsten und teuersten Parfüms bis hin zu teuren Füllfederhaltern oder einer ansehnlichen Uhrensammlung. Geschichtlich interessant ist im Vorraum die Dokumentation über Widerstandskämpfer und deren blutige Hinrichtung. Ebenfalls im Vorraum findet sich einer der Abklatsche, die Wendell Phillips bei den Grabungen in Marib mit Hilfe von Latexrollen von den Inschriften am Sonnentempel abnahm und bei seiner überstürzten Flucht leider zurücklassen mußte. Im Innenhof des Palastgebäudes fristen ein paar in Käfigen gehaltene Geier und Affen ihr kummervolles Dasein.
Tgl. 8–12 Uhr
Eintritt 30 Rial

## Essen und Trinken

Wie überall gibt es in Taizz eine unerschöpfliche Anzahl von Garküchen. Wer nicht unbedingt im Hotel essen will, dem sei das Modern Yemen Restaurant, Ecke Tahrir–Gamal Street, empfohlen.

## Einkaufen

Lange Jahre hielt sich hartnäckig das Gerücht, in Taizz könne man erheblich billiger Silberschmuck erstehen als in Sana'a. Davon haben inzwischen auch die Händler Wind bekommen und sich preislich Sana'a angeglichen. Wer nicht die Möglichkeit hat, die Weber in Bayt al-Faqih zu besuchen, kann in Taizz auch handgewebte Futah-Stoffe oder Flechtwaren aus der Tihama kaufen.

### Ash-Shami

In Taizz ist Ash-Shami so etwas wie eine Institution, denn ihm gehört das größte, älteste und bestsortierte Silbergeschäft der Stadt. Wer auf der Suche nach schönen Silberdolchen oder Ketten ist, sollte unbedingt sein Geschäft aufsuchen.

## DER BESONDERE TIP

**K**äse gehört im Jemen nicht gerade zu den traditionellen Nahrungsmitteln. Ausnahme ist der wohlschmeckende, geräucherte **gubn**, den man hinter dem Bab al-Kabir bei den Straßenhändlern kaufen kann und den es in den Variationen salzig und sehr salzig gibt. Mit Tomaten, Zwiebeln und frischem Weißbrot ist er eine erfrischende und zum verkochten Gemüse abwechslungsreiche Bereicherung der Küche.

## Ausflugziele

Taizz ist ein guter Standort für Tages-
ausflüge in die südliche Tihama oder
den grünen Jemen zwischen Ibb
und Taizz. Zahlreiche kunsthistorisch
interessante Orte locken ebenso
wie der besonders farbenprächtige
Markt im Wadi Dabab.

## Ibb      ■ C 5

Ibb ist in den letzten zehn Jahren zu
einer wichtigen Provinzstadt geworden, und die waghalsige, dafür moderne Verkehrsführung rund um die
bevölkerungsmäßig explodierende
Stadt hinkt dieser rasanten Entwicklung schon wieder hinterher. Be-
suchenswert ist in Ibb vor allem die
Altstadt, die über prächtige Steinhäuser verfügt. Wie auch in anderen
jemenitischen Orten ist das Leben
in der Altstadt bedächtiger und ge-
ruhsamer und hat nichts mit dem
geschäftigen und lärmenden Treiben
entlang der Hauptverkehrsstraßen
gemein.

### Hotel

**Arsh Bilqis Tourism Hotel**
Ein einfacher, moderner Funduk,
in dem man zur Not schon einmal
übernachten kann. Neben dem
Hotel ein ausgesprochen gutes
jemenitisches Restaurant.
General Street
Tel. 41 01 05

## Al-Janad-Moschee  ■ C 5

Die Moschee von Al-Janad, rund
20 km nördlich von Taizz gelegen,
ist mit der Großen Moschee von
Sana'a das älteste, noch zu Lebzeiten des Propheten errichtete Gotteshaus im Jemen. Die vielfachen
Umbauten in den letzten Jahrhunderten, vor allem die erst vor weni-

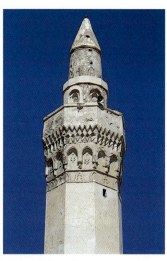

Das Minarett der
Al-Janad-Moschee

gen Jahren vorgenommene häßliche
Verkleidung der Säulen mit Stein-
platten, haben der Moschee fast
gänzlich ihre einfache, aber ruhige
Ausstrahlung geraubt. Ältester Bestandteil und noch original erhalten
sind die Waschplätze außerhalb
der Moschee sowie einige Stein-
schriften im Mauerwerk. Im säulen-
getragenen Innenhof sind streng
getrennt nach Jungen und Mädchen
die Klassen der örtlichen Koranschule untergebracht. Gegen ein
**bakshish**, das man dem enervieren-
den Aufpasser in die Hand drückt,
kann man einen kurzen Rundgang
durch den Moscheehof machen.

## Jebel Sabir     ■ C 5

Besonders in den frühen Abendstunden kann man an den brennen-
den Lichtern gut erkennen, daß der
Jebel Sabir bis ganz oben besiedelt
ist. Der Jebel Sabir kann mit einigen

Besonderheiten aufwarten. So sind die Frauen hier nicht verschleiert; sie schmücken sich auch auffallend mit Goldschmuck und farbenprächtigen Tüchern und bemalen ihr Gesicht mit einer Paste aus Gelbwurz. Im Gegensatz zu den Frauen im Norden suchen sie oft das Gespräch mit Fremden, erzählen und spaßen in ihrer herzlichen und freundlichen Art. Die beste Zeit für einen kurzen Ausflug zum Jebel Sabir ist der späte Nachmittag.

## Jiblah ■ C 5

Die rund 75 km nördlich von Taizz gelegene Stadt Jiblah ist eines der absoluten Highlights im Jemen. Auf dem Weg nach Jiblah passiert man die sehenswerte Moschee von As-Sayyani und den 2250 m hohen Paß Naqil as-Sayyani. Kurz vor Ibb zweigt eine asphaltierte Zubringerstraße von der Hauptroute nach Sana'a ab und führt durch ein intensiv bewirtschaftetes landwirtschaftliches Gebiet auf die Stadt am Fuße des Je-

bel Takar zu. Das alte Jiblah schmiegt sich um einen dunklen Basaltkegel, und die wehrhaften, kunstvoll gemauerten Steinhäuser bilden im Einklang mit den weißen Minaretten der Moscheen ein wundervolles Postkartenmotiv. Jiblah besitzt die mit am schönsten und kompaktesten Steinhäuser des »Grünen Jemen« zwischen Ibb und Taizz und ist ein Musterbeispiel islamischer Städtearchitektur. Zentrum der Stadt ist die **Grabmoschee der Königin Arwa bint Ahmed**, die von 1087 bis zu ihrem Tode im Jahre 1138 von Jiblah aus weite Teile des Jemen regierte. Die weise und umsichtige Herrscherin genießt bei den Jemeniten aufgrund ihrer Verdienste höchstes Ansehen, und ihre Grabmoschee zählt zu den religiös besonders bedeutsamen Plätzen im Jemen. Die zu Lebzeiten der Königin errichtete Moschee ist ein besonders schönes jemenitisches Gotteshaus, denn sie strahlt eine harmonische Einheit zwischen Innenhof, Brunnen und Gebetsraum aus. Die

Die Moschee von Jiblah ist ein Ort der Ruhe und Besinnung

Holzdecke weist noch Reste der ursprünglichen Bemalung auf, und die Gebetsnische, der **mirhab**, ist mit kunstvollen Stuckornamenten und Kalligraphien verziert.

Beachtenswert in Jiblah ist auch die kunstvoll geschmückte Kuppel der **Nadj al-Jumai-Moschee**. Die Kehrseite von Jiblah ist leider der extreme Dreck und der immense Abfall in den engen Gassen.

## Naqil Shumarah ■ C 5

Hinter Ibb erklimmt die Straße nach Sana'a in steilen Kurven den 2950 m hohen Paß Naqil Shumarah, um anschließend nur wenige Höhenmeter in das Becken von Dhamar abzufallen. Die Ausblicke von der Paßstraße auf die fruchtbare Region um Ibb und die im Westen liegenden Wadis sind einmalig und gleichen einem Blick aus dem Flugzeug. Entlang der modernen Teerstraße kann man auch die alte Verbindungsstraße erkennen, die mit türkischen Forts befestigt war.

## At-Turbah ■ C 6

Durch das fruchtbare Wadi Dabab gelangt man von Taizz aus in das südlich gelegene At-Turbah, die letzte große Ansiedlung des Bergjemen vor der Küstenebene am Golf von Aden. An klaren Tagen hat man eine wunderbare Sicht bis an die blauschimmernde Küste. Kurz vor At-Turbah kann man rechts an der Straße den größten Baum des Jemen bewundern, einen riesigen Affenbrotbaum.

## Yafrus ■ C 6

Rund 30 km südwestlich von Taizz liegt am westlichen Rand des fruchtbaren Wadi Dabab die sehenswerte Pilgermoschee Yafrus, die zu Beginn des 16. Jh. zu Ehren des Gelehrten Ahmed Ibn Alwan errichtet wurde. Die der sufitischen Glaubensrichtung zugeordnete Moschee ist alljährlich Pilgerziel der kleinen sufitischen Gemeinde.

## DER BESONDERE TIP

**W**adi Dabab Südwestlich von Taizz verläuft in Süd-Nord-Richtung das fruchtbare Wadi Dabab, dessen Flußbett mit Papaya- und Bananenplantagen oder leuchtendgrünen Feldern mit Hirse und Getreide bestanden ist. Jeden Sonntagmorgen findet unter den schattigen Bäumen im Wadilauf ein farbenprächtiger Wochenmarkt statt, auf dem vor allem auch die unverschleierten Frauen vom Jebel Sabir und dem Jebel Habashi ihre Waren feilbieten. Sehenswert ist auch der große Viehmarkt, auf dem die Bauern der Umgebung Hühner, Ziegen, Kühe, Esel oder sogar Kamele in großer Auswahl anbieten. ■ C 6

**D**ie Lehmbauten im Wadi Hadramaut sind beeindruckende Meisterleistungen jemenitischer Baukunst. Hans Helfritz nannte Shibam das »Manhattan der Wüste«.

Das Wadi Hadramaut umfaßt ein weitverzweigtes System von Haupt- und Nebenwadis, die sich vom Beginn bei **Shabwah** über das **Innere Hadramaut** bis zum **Wadi al-Masilah** an der Küste des Golfs von Aden erstrecken. Das Innere Hadramaut bezeichnet dabei in etwa den Talabschnitt **Hawrah** bis **Aynat**. Hier ist auch die stärkste Besiedlungsdichte des Hadramaut zu verzeichnen. In den vor allem nach Süden abzweigenden Seitenwadis wie

### Wadi Hadramaut
■ F 4/K 4

dem Wadi Dawan beschränken sich die Ansiedlungen auf kleinere Oasen. Seit der Vereinigung hat im Hadramaut ein derartiger Bauboom entlang der holprigen Teerstraße eingesetzt, daß innerhalb kürzester Zeit viele Orte bis auf wenige hundert Meter zusammengewachsen sind und sich streckenweise eine fast lückenlose Besiedlungsstruktur ergibt.

Das Bild im Inneren Hadramaut wird geprägt von steilen Canyonwänden, Palmenhainen,

Das »Manhattan der Wüste« – Shibam im Wadi Hadramaut

schwarzgekleideten Ziegenhirtinnen und beeindruckenden Lehmhäusern. Im Gegensatz zu ihren nordjemenitischen Brüdern geben sich die Hadramiten ganz und gar unkriegerisch, tragen keine Djambia, und nur selten sieht man irgendwo eine Kalaschnikow an der Schulter hängen. Daß dies nicht immer so war, davon wissen **Freya Stark** und **Hans Helfritz** zu berichten, die in den dreißiger Jahren ins Hadramaut kamen. Zwischen den einzelnen Sultanaten wurden regelrechte Kleinkriege ausgetragen.

Die begrenzten Möglichkeiten der Vieh- und Landwirtschaft zwangen die Hadramiten schon früh, sich auf ihre Tugenden als Händler zu besinnen. So sind seit dem 17. Jahrhundert die Hadramiten vor allem nach Südostasien ausgewandert, ohne ihre Heimat aber jemals vergessen zu haben. Viele kamen in der Fremde durch den Handel zu großen Reichtümern und investierten einen Teil davon in ihr Zuhause. Aus Indonesien, Malaysia oder Indien brachten sie Stilelemente der dortigen Architektur mit und fügten sie in die herkömmliche Bauweise ihrer Trutzburgen mit ungebrannten Lehmziegeln ein. Heute weisen die Zuckerbäckerhäuser Elemente südostasiatischer Architektur auf, etwa Säulenbalkone, Dekorgiebel oder grellbunte Farbtöne für die Fensterlaibungen. Die ursprüngliche Bauweise, die sich an den Lehmburgen von Shabwah orientierte, kann man noch gut in Shibam erkennen. Das heutige **Shibam**,

das wie ein gewaltiges Wüstenschiff mitten im palmenbestandenen Wadi liegt, entspricht in seiner Anlage durchaus dem alten Shabwah. Denn was **Plinius** als 80 golden bedachte Tempel schilderte, waren in Wirklichkeit wohl wie in Shibam mehrstöckige Lehmhochhäuser. Die kompakte Stadtanlage weist ebenfalls auf eine starke Ähnlichkeit zwischen Shibam und Shabwah hin.

Vor allem in diesem Jahrhundert waren nicht mehr die Sultane, sondern die Kaufmannsfamilien die eigentlichen Herren des Hadramaut. Vor allem die Familie **Al-Kaf** aus Tarim brachte es zu ungewöhnlichem Wohlstand und Einfluß. Die leider weitgehend verfallenen Paläste der Al-Kaf-Brüder stellen den Palast des Sultans in Tarim ohne weiteres in den Schatten.

### Sayun – Zentrum des Hadramaut

Sayun besitzt den einzigen zivilen Flughafen im Hadramaut und ist somit wichtigster touristischer Standpunkt. Von hier aus unternehmen viele Touristen in Tagesausflügen Fahrten nach Tarim oder Al-Hajarayn. Sayun kann mit einigen netten Silberläden aufwarten, in denen man teilweise noch alten Silberschmuck aus dem Hadramaut erstehen kann, der weitaus schwerer und voluminöser ist, als der Silberschmuck in Sana'a. Sehenswert sind ansonsten der Sultanspalast und der Suk.

SEHENSWERTE ORTE UND AUSFLUGSZIELE

## Hotels

Die Orte Sayun, Shibam und Tarim sind die Hauptanziehungspunkte im Hadramaut. Mangelnde Hotelbetten und bescheidene Restaurants sorgen bis heute für einfaches Reisen in dieser Gegend. Die meisten Hotels sind im direkten Besitz der heimischen Reiseveranstalter, werden vorwiegend an Reisegruppen vermietet und können nur über die jeweiligen Agenturen in Sana'a gebucht werden.

### Chalet Yata
Von Yata betriebene, ebenfalls aus Containern bestehende Bungalowsiedlung. Swimmingpool und nettes Restaurant. Schöne Lage oberhalb von Sayun.
(Zu buchen über Yata in Sana'a)
Obere Preisklasse

### Green Valley
Bungalowsiedlung aus Alucontainern, die von der Agentur Al-Mamoon betrieben wird. Eigenes Restaurant.
Sayun
(Zu buchen über Al-Mamoon in Sana'a)
Tel. 09 84/44 44
Obere Preisklasse

### As-Salam
Dienstältestes, noch im Zuge der DDR-Bruderhilfe errichtetes Hotel, in den letzten Jahren ziemlich heruntergekommen. Eigenes Restaurant.
Sayun
Tel. 09 84/33 41 und 31 81
60 Zimmer
Mittlere Preisklasse

In alter Tradition hat dieser Mann seine Augen mit Khol geschminkt

### Samah Sayun Hotel
Von Bazara betriebenes 4-Sterne-Hotel, ausnahmsweise nicht in Alucontainern. Swimmingpool. Restaurant.
(Zu buchen über Bazara Tours in Sana'a)
Sayun
Tel. und Fax 09 84/42 54
46 Zimmer
Obere Preisklasse

### Tower Hotel
Vorwiegend von arabischen Gästen besuchtes, neu errichtetes Hotel in Sayun; einfacher aber ordentlicher Standard.
Tower Trade Centre
Tel. und Fax 09 84/35 75
35 Zimmer
Mittlere Preisklasse

## Sehenswertes

### Sultanspalast
In dem gigantischen Lehmbau, der auch der größte im ganzen Jemen sein dürfte, sind heute zwei Museen, eine Bibliothek und einige Verwaltungsbüros untergebracht. Der Palast kann im Rahmen der Museumsbesuche besichtigt werden.

## Museum

### Volkskundliches und archäologisches Museum
In den Räumen des Sultanspalastes ist eine kleine volkskundliche Sammlung untergebracht. Etwas schwieriger zu finden ist die dazugehörige archäologische Abteilung, die einige sehr schöne Exponate vorislamischer Funde aus Raybun und Shabwah sowie Ausstellungsstücke aus einigen Moscheen des Hadramaut beherbergt.
Sa–Do 9–13 Uhr
Eintritt 20 Rial

## Essen und Trinken

Restaurants sind im Hadramaut noch mehr als im Nordjemen ein heikles Thema. Abwechslung zum Essen im Hotelrestaurant bietet das Kenya-Restaurant gegenüber dem Post Office in Sayun. Sehr beliebt als Treffpunkt nicht nur bei Jemeniten ist der Teeshop gegenüber dem Sultanspalast.

## Einkaufen

Hadramitischer Silberschmuck wie etwa die schweren Fußringe oder die langen, geflochtenen Silbergürtel findet man in den neu eröffneten Läden im hinteren Sukbereich. Einfache Flechtwaren wie die spitzen Hüte der Ziegenhirtinnen kann man am sogenannten »Handwerkermarkt« erstehen.

# Ausflugsziele

## Aynat                    ■ H 3

Der ca. 50 km östlich von Sayun liegende Ort ist berühmt für seine besonders schmucken Kuppelgräber und den großen, mit teilweise recht kunstvollen Grabsteinen besetzten Friedhof. Aufgrund des hohen Touristenansturms hat man inzwischen den Friedhof mit einer Mauer gegen den Strom der »Ungläubigen« abgeschirmt.

## Bur                      ■ G 3

In dem kleinen, gegenüber dem Grabmal des Ahmed bin Issa mitten im Wadilauf gelegenen Ort befindet sich die wohl älteste Moschee des Hadramaut. Über dem ursprünglichen, unterhalb des Bodenniveaus liegenden Gotteshaus wurde ein neuer Nachfolgebau errichtet. Außerhalb des Ortes sind die »Gigantengräber« des Propheten Hanzal und Hanzala zu besichtigen.

# Grabmal des Ahmed bin Issa        ■ G 3/H 3

Etwa 10 km östlich von Sayun liegt an der südlichen Canyonwand das leicht an der leuchtendweißen Treppe zu erkennende Grabmal des Ahmed bin Issa, eines Heiligen, der im Jahre 844 aus dem Irak ins Hadramaut kam und die Hadramiten auf die Glaubensrichtung der Sunna einschwörte.

## Al-Hajarayn und das Wadi Dawan ■ G 4

Das stolze Al-Hajarayn liegt etwa 100 km westlich von Sayun am Eingang ins landschaftlich besonders reizvolle Wadi Dawan. Kurz vor Al-Hajarayn kommt man durch den Pilgerort Mashad Ali, ein paar Kilometer entfernt liegt das Ruinenfeld der vorislamischen Siedlung Raybun. Der Ort Al-Hajarayn thront wehrhaft über dem Wadilauf an den Flanken eines Tafelberges und gehört mit zu den schönsten Beispielen für hadramitische Lehmsiedlungen. Von Al-Hajarayn aus hat man einen Panoramablick auf die umliegenden Dattelplantagen und in das hier beginnende Wadi Dawan.

Die Fahrt durch das Wadi Dawan nach Al-Mukalla ist mühsam und anstrengend. Belohnt wird man aber mit unglaublich schönen Lehmdörfern, großen Dattelplantagen und in Bayt Bukshan oder Khoraybah mit den mit Sicherheit beeindruckendsten Lehmhäusern des Südjemen. Nach der Fahrt hoch aufs Djol-Plateau sollte man unbedingt noch vom Canyonabbruch einen Blick ins Wadi werfen.

## Qabr an-Nabi Huth ■ H 3

Das Grab des Propheten Huth, der hier in einer Felsspalte verschwand, ist alljährlich Ziel eines mehrtägigen Pilgerfestes, welches die Moschee und die umliegenden Pilgerunterkünfte in eine mittlere Kleinstadt verwandelt. Tage nach dem Fest stehen die extra für dieses Fest errichteten Häuser wieder leer, und nur ein paar wenige alte Männer kümmern sich um die Moschee und die Anwesen. Qabr an-Nabi Huth liegt ca. 70 km östlich von Sayun im oberen Wadi al-und ist über eine recht mühsam zu befahrende Teerstraße und Piste zu erreichen.

## Shibam ■ G 3

Das als »Manhattan der Wüste« bekannte Shibam ist ein einmaliges Stadtensemble aus Lehmbauten, das ebenso wie Sana'a als Weltkulturdenkmal unter dem besonderen Schutz der UNESCO steht. Die oft siebenstöckigen Lehmhäuser stehen dichtgedrängt aneinander und sind von einer umlaufenden Stadtmauer umgeben. Der einzige Zugang zur Stadt ist durch ein prachtvolles Stadttor gekennzeichnet. Im Inneren muß man sich leider damit abfinden, daß viele der rund 500 Lehmhäuser in einem katastrophalen Zustand sind und kurz vor dem Zusammenbruch stehen. Ein guter Teil der heimischen Familien hat deshalb die enge Altstadt inzwischen verlassen, und die Neustadt am Rand der Tafelberge wächst in beängstigender Geschwindigkeit. Direkt neben dem Hauptplatz erkennt man den weißen Sultanspalast, linker Hand stößt man nach ein paar Schritten auf die Freitagsmoschee, die älteste Moschee Shibams. Die ältesten Lehmhäuser in Shibam dürften rund 400 Jahre alt sein. Bei einem Stadtrundgang sollte man auch einen Blick auf die teilweise kunstvoll geschnitzten Türen werfen.

### Hotel

**Shibam Guesthouse**
Direkt an der Stadtmauer gelegenes einfaches, aber angenehmes Hotel in einem alten Lehmbau.
Kleiner Garten und Restaurant.
(Zu buchen über Universal in Sana'a)
Mittlere Preisklasse

# Tarim ■ H3

35 km östlich von Sayun liegt Tarim, das einst 354 Moscheen beherbergt haben soll und als Hort sunnitischer Gelehrsamkeit besonders großes Ansehen genoß. Die Zahl 354 hat aber eher symbolischen Charakter und ist lediglich Ausdruck der tiefen religiösen Frömmigkeit dieses Ortes. Neben der Djambe al-Kabir, die eine wertvolle Bibliothek beherbergt, ist die Al-Midhar-Moschee mit ihrem Minarett von Bedeutung. In Tarim finden sich auch die herrschaftlichen Häuser der Al-Kaf-Familie. Eines davon (bekannt als Bayt al-Kaf oder Bayt Hindi) kann gegen ein **bakshish** besichtigt werden. Im ersten Stock kann man im Badezimmer Reste der Jugendstilkachelung ausmachen, einige Wohnräume mit Säulendekor oder Lorbeerkränzen als Wandschmuck oder die buntverglasten Fenster bewundern. Die Mittagspause sollte man am Swimmingpool des Qasr al-Quba am Stadtrand verbringen.

## Hotel

**Qasr al-Quba**
Der ehemalige Sommersitz des Qaiti-Sultans wurde zu einem Hotel umgebaut, was sich aber luxuriöser anhört, als es in Wirklichkeit ist. Was das Qasr al-Quba aber zur absoluten Topadresse im Hadramaut macht, ist sein wunderschöner tropischer Garten mit den zwei Swimmingpools.
Tarim
Tel. 5 52 21, Fax 5 54 88
20 Zimmer
Mittlere Preisklasse

Die Bibliothek in Tarim birgt wertvolle Schätze

**D**as Land der Königin von Saba ist zu schön, um nur an einem Ort zu verweilen. Ausflüge und Rundreisen lassen das Märchenland lebendig werden.

Sana'a ist sicherlich eine der schönsten und malerischsten Städte der Welt, und selbst bei einem mehrtägigen Aufenthalt gibt es immer noch etwas zu entdecken. Wer die Strapazen und Mühen einer Rundreise scheut und nicht auf den Luxus der teuren Hotels verzichten mag, sollte sich aber nicht davon abhalten lassen, in Ein- oder Zweitagesfahrten die nähere Umgebung zu erkunden.

Die wichtigsten Ziele des Nordjemen sind von Sana'a aus gut in einer Tagestour oder maximal mit einer Übernachtung zu erreichen. Schwieriger wird es schon im Hadramaut und im Südjemen. Der Landweg von Sana'a nach Shibam im Hadramaut nimmt mindestens zwei, eher aber drei äußerst strapaziöse Tage in Anspruch. Die Alternative ist das Flugzeug, bei dem man aber auf die beeindruckenden landschaftlichen Szenerien der Wüste und der Tafelberge verzichten muß. Eine gute Alternative ist es, eine Strecke mit dem Auto zu fahren und für den Rückweg auf das Flugzeug zurückzugreifen. Bei dieser Variante sollte man aber zur eigenen Sicherheit auf die Hilfe lokaler Reiseagenturen zurückgreifen.

**Expedition oder Hotelreise**

Für die »klassische« Jemenrundreise, die sich bei den meisten Reiseveranstaltern weitgehend gleicht, benötigt man mindestens 14 Tage und legt dabei rund 4000 Kilometer zurück. Ein großer Teil davon wird auf Piste oder teilweise sehr schlechten Straßen gefahren. Die längste Distanz ist dabei die Strecke Marib–Hadramaut, die man entweder quer durch die Wüste in einem sehr langen Tag mit rund 14 Stunden reiner Fahrzeit bewältigt oder entlang des Ramlat as-Sab'atayn über Harib, Ataq und Shabwah in drei Tagen zurücklegt. Bei der Strecke Marib, Harib, Baynun, Shabwah folgt man den Stationen der alten Weihrauchstraße und hat die Möglichkeit, neben Marib auch die anderen alten Ruinenstädte der vorislamischen Königreiche Qataban (Timna) und Hadramaut (Shabwah) zu besichtigen. In beiden Fällen ist es ratsam, einen ortsansässigen Beduinen als zusätzlichen Führer mitzunehmen. Bei den im Expeditionsstil durchgeführten Reisen sind Zeltübernachtungen mit Schlafsack, Lagerfeuerromantik und manchmal kleinere Wanderungen an der Tagesordnung. Die

Zeltplätze werden jedesmal neu gesucht, denn diverse Faktoren (wie etwa eine Reifenpanne) verhindern geregelte Zeitpläne.

Hat man nur Hotelübernachtungen gebucht, so muß man zwischen Marib und Al-Mukalla mit sehr einfachen Unterkünften rechnen. Für die übrige Route stehen passable Hotels und Funduks zur Verfügung. Aber auch bei der Durchquerung der Wüste über Bir az-Zakr in den Hadramaut kann man nicht sicher davon ausgehen, die Strecke wirklich in einem Tag zu meistern. Für die Verpflegung sorgen in beiden Fällen die Garküchen in den jeweiligen Orten.

### Wandern im Bergjemen

Die in jahrhundertelanger Arbeit entstandenen Terrassen des Bergjemen, auf denen die Bauern traditionell Kaffee, Getreide und natürlich auch Kat anpflanzen, bieten eine Vielzahl von abwechslungsreichen und landschaftlich reizvollen Wandermöglichkeiten. Die zu Trutzburgen ausgebauten Wehrdörfer sind alle mit Wegen und Steigen verbunden. Wer eine mehrtägige Wanderung unternehmen will, kann gut von Nord nach Süd mehrere Tage abseits jeglicher Straßen durch die schroffe Gebirgslandschaft wandern. Wie aber auch im Osten des Landes sollte man entweder auf die Hilfe eines örtlichen Veranstalters zurückgreifen oder sich wirklich genauestens erkundigen, ob die geplanten Gebiete gefahrlos zu bereisen sind.

### Orientierungshilfen

Gutes und einigermaßen brauchbares Kartenmaterial über den Jemen ist absolute Mangelware. Die britischen TPPC-Fliegerkarten sind nur bedingt verwendbar, da die meisten Straßen darin nicht enthalten sind. Wander- oder Detailkarten gibt es überhaupt nicht. Das im Jemen selbst erhältliche Kartenmaterial ist nahezu unbrauchbar. Wer also wandert, sollte zumindest einige Brocken Arabisch sprechen.

## DER BESONDERE TIP

Die **Deutsch-Jemenitische-Gesellschaft** hat eine kaschierte **Straßenkarte des Jemen** herausgegeben, die für einen Unkostenbeitrag von 20 DM in Freiburg bestellt werden kann. Sie ist mit Abstand die beste und übersichtlichste Jemenkarte. In ihr sind auch die jeweiligen Markttage im Nordjemen eingetragen. Eine überarbeitete Auflage steht für 1996 in Aussicht.

## 14tägige Expeditionsreise entlang der Weihrauchstraße

Diese Rundreise führt durch eine der landschaftlich reizvollsten Regionen des Jemen, dem Übergang des Bergjemen in die große Arabische Wüste. Die teilweise auf Pisten beschränkte Route führt durch reine Wüstengebiete, durch akazien- und dornbuschbestandene Trockensteppen direkt in die wilde Landschaft der Tafelberge und des Wadi Hadramaut. Über das karge Djol-Plateau erreicht man die Hafenstadt Al-Mukalla.

### Vorbereitung und Reiseplanung

Für diese Rundreise benötigt man einen Geländewagen und Zeltausrüstung. Beides ist über die lokalen Veranstalter gut zu organisieren. Auf allen Streckenabschnitten gilt: immer frühzeitig tanken. Von Sana'a aus folgt man der alten Handelsroute und kann dabei die am Rande des Ramlat as-Sab'atayn, dem »Sand der beiden Sabas«, liegenden Hauptstädte der alten südarabischen Königreiche der Minäer, Sabäer, Qatabanen und Hadramiten besichtigen. Diese Strecke ist auch Teil der »klassischen« Jemenrundreise.

### 1. Tag

Besichtigung von Sana'a (Suk al-Milh, Samsarat al-Mansurah, Nationalmuseum, Volkskundemuseum) und Organisation der Rundfahrt.

### 2. Tag

Abfahrt gegen Mittag nach Baraqish. Besichtigung der völlig ummauerten Ruinenstadt mit ihren mehr als 50 Wehrtürmen. Gegebenenfalls ist eine Weiterfahrt nach Ma'in, der späteren Hauptstadt der Minäer, möglich. Weiterfahrt nach Marib.

**TOP TEN 5**

### 3. Tag

Auf dem Programm stehen der alte Damm mit den Schleusen- und Verteileranlagen, der neue Damm und natürlich der Sonnen- und der Mondtempel. Auch für den Besuch Alt-Maribs bleibt Zeit.

**TOP TEN 1**

Spätestens mittags Abfahrt nach Bayhan über den ehemaligen Grenzort Harib. Hier war Hans Helfritz mehrere Wochen gefangen, als er in den dreißiger Jahren illegal in das Reich Imam Yahyas einreisen wollte. Campübernachtung in den Sanddünen des unteren Wadi Bayhan.

### 4. Tag

Am Morgen kurzer Rundgang durch die Hauptstadt der Qatabanen, Timna. Weiterfahrt auf der Teerstraße durch eine reizvolle Wüsten- und Steppenlandschaft nach Ataq. Unterwegs kann man das wenig besuchte Dorf Nisab besichtigen. Immerhin war es einmal Sitz eines Sultans. Mittagessen in Ataq und Weiterfahrt auf der Piste der Ölarbeiter in Richtung Shabwah. Campübernachtung in der Gegend von Shabwah.

### 5. Tag

Besuch von Shabwah, der Hauptstadt des Hadramitischen Reiches, mit dem alten Königspalast und den einem Amphitheater gleichenden Ruinen des Mondtempels. Besichtigen sollte man auch die etwas außerhalb liegenden Salzminen. Brechen Sie rechtzeitig auf, denn bis Sayun im Wadi Hadramaut stehen rund sechs bis sieben Stunden Pistenfahrt bevor. Ankunft in Sayun und Übernachtung im Hotel.

### 6./7. und 8. Tag

→ »Vier Tage im Hadramaut«, S. 111

### 9. Tag

Zunächst geht es auf der Teerstraße über Hawrah zur Abzweigung nach Al-Hajarayn im Wadi Dawan. Ein kleiner Stopp im Pilgerort Mashad Ali lohnt. Wenig später führt ein Schleichweg durch die gewaltigen Staub- und Sedimentablagerungen zum Ruinenfeld der hadramitischen Stadt Raybun. Seit den Ausgrabungen liegen die Lehmfundamente der uralten Häuser frei und verfallen zunehmend.

Weiterfahrt nach Al-Hajarayn, am Rande des Wadi Dawan. Eine breite, gepflasterte Straße führt hinauf in das schmucke Lehmdorf. Wer eine gute Kondition hat, ersteigt den kleinen Tafelberg über dem Dorf und erhält als Belohnung einen phantastischen Ausblick über die Wadilandschaft. Zeltübernachtung nahe Al-Hajarayn oder Weiterfahrt über die holperige Piste des Wadi Dawan.

Inschrift auf dem Krönungsfelsen der Könige von Hadramaut, Al-Uqla

### 10. Tag

Es ist unabhängig davon, ob man über das ruckelige Wadi Dawan oder die relativ gepflegte Djolstraße nach Al-Mukalla fährt, ein langer Tag im Auto. Brechen Sie rechtzeitig auf, denn von Al-Hajarayn benötigt man mindestens sechs Stunden bis Al-Mukalla. Beeindruckend ist die Abfahrt vom Djol-Plateau. Mittag essen kann man im Fischrestaurant am Hauptplatz oder im Restaurant des Hotels Hadramaut. Wenn man nicht zu spät in Al-Mukalla ankommt, kann man dem Museum im ehemaligen Sultanspalast einen Besuch abstatten. Für die Strecke von Al-Mukalla nach Bir Ali benötigt man weitere zwei bis drei Stunden. Campübernachtung am Strand mit Bademöglichkeit.

## 11. Tag

Wer auf den Krähenfelsen steigen will, sollte bei Sonnenaufgang aufstehen. Von oben kann man die Fundamente des alten Qana erkennen. Hier wurde der Weihrauch auf Kamele verladen und über Mayfa'ah, Shabwah, Timna, Marib, Baraqish ans Mittelmeer gebracht. Von Bir Ali bis Mayfa'ah benötigt man rund zwei Stunden. Mitten im Wadi trifft man wieder auf die Ruinen der alten Handelsstadt, die auch dem Wadi seinen Namen gab. Weiterfahrt nach Azzan und kurzer Rundgang durch den Ort, denn von hier, so behauptet zumindest eine Legende, sollen die Heiligen Drei Könige nach Bethlehem aufgebrochen sein.

Weiterfahrt zur Kreuzung nach Habban und Übernachtung im Wadi Yishbum (beeindruckende Lehmhäuser).

## 12. Tag

Eine rund zehnstündige Fahrt nach Aden steht bevor. Wer möglichst schnell nach Sana'a zurückkehren möchte und auf die Städte Aden und Taizz verzichten will, kann bei Lawdar die Straße nach Al-Bayda nehmen, dort entweder in einem einfachsten Funduk übernachten oder eine weitere Campnacht einplanen. Die Strekke Al-Bayda–Sana'a kann man auf der Teerstraße gut in vier bis fünf Stunden bewältigen.

## 13. Tag

Der Vormittag steht ganz für Aden zur Verfügung und bietet ausreichend Zeit, Museum, Zisternen und den Suk zu besuchen. Für die Weiterfahrt nach Taizz benötigt man rund 3 Stunden. Ein abendlicher Bummel durch den Suk von Taizz rundet den Tag ab.

## 14. Tag

Auch hier genügt der Vormittag für eine Besichtigungstour, bei der die Ashrafiya-Moschee und das Museum nicht fehlen sollten. Bleibt genügend Zeit, so kann man auf der Rückfahrt nach Sana'a noch den Besuch der Al-Janad-Moschee einplannen.

**Karte:** → Klappe vorne, Klappe hinten

## DER BESONDERE TIP

**D**as Münchner Reisebüro Marianne Klingsöhr bietet ausgewählte Autoreisen an, darunter auch speziell organisierte **Jemen-Expeditionen in kleinsten Gruppen**, meist mit ein, zwei Geländewagen. Bei besonderem Interesse werden individuelle, auch thematisch orientierte Jemenprogramme ausgearbeitet. Marianne Klingsöhr, Cosimastr. 117, 81925 München, Tel. 0 89/9 57 00 01, Fax 9 57 99 00

# Vier Tage im Hadramaut

Für einen ausführlichen Besuch des Wadi Hadramaut sollte man mindestens drei bis vier Tage einrechnen. Man kann die Anreise entweder über den Landweg via Al-Mukalla oder Marib angehen oder von Sana'a direkt nach Sayun fliegen. Da fast alle Gruppen- und Individualreisenden in das Tal der Dattelpalmen strömen, kann es bei den Hotelzimmern zu Engpässen kommen. Die Anreisetage sind bei folgender Tour nicht mitgerechnet.

## 1. Tag

Morgens Besuch des leuchtendweißen Sultanspalastes von Sayun. In dem gewaltigen Lehmbau ist auch ein archäologisches und volkskundliches Museum untergebracht. Anschließend Rundgang durch den Suk und Besuch der Silber- und Schmuckläden, die teilweise sehr schönen Schmuck aus dem Hadramaut führen. Mittagessen in Sayun. Lohnend ist nach dem Mittagessen ein kurzer Halt am Handwerkermarkt. Weiterfahrt nach Shibam. Ausführliche Besichtigung von Shibam, am späten Nachmittag Aufstieg zum Aussichtspunkt. Rückkehr nach Sayun.

## 2. Tag

Fahrt in Richtung Tarim. Unterwegs besucht man das Grabmal des Ahmed bin Issa, dessen weiße Treppe sich gut vom braunen Fels der Bergflanke abhebt. Gegenüber dem Grabmal erkennt man in der Mitte des Wadis den kleinen Ort Bur. Hier gibt es eine sehr alte Moschee zu besichtigen, die unter dem Bodenniveau liegt. Außerhalb des Ortes sind die Gigantengräber von Hanzal und Hanzala von Bedeutung. Anschließend Weiterfahrt nach Tarim mit Besichtigung der stark verfallenen Lehmstadt. Übernachtung im Hotel Qasr al-Quba. Der tropische Garten und der Swimmingpool sind nach der Hitze des Tages ein angenehmer Ort zum Entspannen.

## 3. Tag

Von Tarim aus holpert man auf der alten Teerstraße Richtung Osten ins Wadi al-Masilah, dem »Wadi des fließenden Wassers«. Erstes Ziel sind die Kalkbrenner mit ihren mächtigen, mit Palmenzweigen betriebenen Brennöfen. Gut eine Stunde später erreicht man die Kuppelgräber von Aynat. Nach einem kurzen Stopp geht es weiter auf der immer schlechter werdenden Piste zum Pilgerort Qabr an-Nabi Huth, dem Grab des Propheten Huth. Übernachtung in einem der verlassenen Pilgerhäuser oder mittels Zelt im Wadi.

## 4. Tag

Für die Rückkehr von Qabr an-Nabi Huth nach Sayun muß man mindestens fünf Stunden einrechnen.

Karte: → Klappe hinten

Für die rund drei-stündige Fahrt von Sana'a nach Manakhah am Jebel Haraz benötigt man kein eigenes Fahr-zeug, sondern kann alternativ auch auf ein Sammeltaxi, ein an-gemietetes Taxi oder den Linien-bus nach Al-Hudaydah auswei-chen. Unter Umständen wird man an der Kreuzung in Al-Magh-rabah abgesetzt, die letzten Kilo-meter fahren ständig Pickups, die einen gerne auf der Ladefläche mitnehmen. Quartieren Sie sich für die erste Nacht in einem der Funduks in Manakhah ein. Für die Übernachtung in Houdaib benö-tigt man ein Zelt und Lebensmit-tel. Wer mit einem eigenen Wa-gen unterwegs ist, schickt seinen Fahrer mit Zelt und Kochzeug nach Houdaib voraus.

## 1. Tag

Am Vormittag bleibt genügend Zeit, durch den Markt von **Ma-nakhah**, dem wichtigsten Um-schlagplatz des Jebel Haraz, zu streifen oder in den Silberläden zu stöbern. Ein geschmackvolles und gutes Mittagessen wird im Funduk von Al-Askari zubereitet. Anschließend, versorgt mit ge-nügend Wasser, führt der Weg zunächst durch den alten Suk und steigt dann hoch nach **Kahil**. Man sollte sich ruhig Zeit lassen, denn immerhin befindet man sich auf einer Höhe von ca. 2800 Meter. Der Aufstieg dauert gut eineinhalb Stunden. Durch das Tor gelangt man ins Innere des Wehrdorfes. Folgen Sie den Gas-

# Zweitages-wanderung im Jebel Haraz

■ C 4

sen weiter bis zur Moschee und weiter bis zum obersten Dorfende mit dem Dreschplatz. Nur wer wirklich schwindel-frei ist, sollte sich an den Steilab-bruch wagen. Der Ausblick auf die Region des Jebel Haraz und die für ihren Kaffee berühmten Gebiete Al-Haima und Al-Matari ist phänomenal. Nach dem Ab-stieg ins Dorf kann man oben am Berg das kleine Bergdorf **Al-Jebel** sehen, das in etwa einer Stunde gut über eine Piste zu erreichen ist. Es wird kaum besucht und bietet dem Wanderer als Be-lohnung für die Strapazen eine besonders schöne Dorfzisterne. Der Abstieg erfolgt zunächst wie-der auf der Schotterpiste, bis man kurz vor Kahil linker Hand auf die Reste eines alten Gartentores stößt. Hier zweigt der Fußweg zu dem ismaelitischen Pilgerort ab. Man folgt dem Trampelpfad, der über teilweise nicht mehr bewirt-schaftete Terrassenfelder führt. Nach gut einer Stunde überquert man den Bergsattel, hält sich anschließend links und erreicht nach einer weiteren halben Stun-de den sogenannten »Affen-felsen« oberhalb von **Houdaib**. Ein guter Zeltplatz, der auch von Reiseveranstaltern benutzt wird, liegt auf einer Terrasse etwas un-terhalb von Houdaib. Übernach-tung dort.

## 2. Tag

Man sollte rechtzeitig aufstehen, um den Sonnenaufgang zu erle-ben. Von der Terrasse hat man einen beeindruckenden Blick auf die gegenüberliegenden Berge und die einzelnen, langsam zum Leben erwachenden Wehrdörfer des Jebel Haraz. Unterhalb der Terrasse führt ein alter, nicht mehr benutzter Fußpfad zum Pilgerort Houdaib. Wer schwindelfrei ist, kann über eine steile Steintreppe auf den völlig mit Opuntien bewachsenen Felsen klettern und zur Moschee hochsteigen. Den Schlüssel (**mufta**) dafür erhält man unten am letzten Bauernhaus.

Nach der Felsenbesteigung und Besichtigung der Moschee kehrt man zurück ins Dorf, und nachdem man die von indischen Ismaeliten errichtete Pilgerunterkunft hinter sich gelassen hat, folgt man zunächst einer Wasserleitung in Richtung **Argaz**. Der Weg ist nicht leicht zu finden und führt über verfallene Terrassenfel-der Schritt für Schritt nach oben. Nach etwa eineinhalb Stunden trifft man auf einen quer verlaufenden Fußweg. Hier hält man sich links und erreicht nach einer weiteren Stunde den Bergort **Ayana**. Wieder durch die aufgeschichteten Steinmauern und Terrassenfelder führt von Ayana ein Fußweg hinunter in den wehrhaften, vor allem von Katbauern bewohnten Ort Argaz. Unterhalb des Ortes entspringt ein kleiner Bachlauf, und die Frauen des Dorfes legen auf den Felsen ihre Wäsche zum Trocken aus. Für den weiteren Weg nach **Al-Hajarah** folgt man etwa zwei bis drei Stunden der Schotterpiste oder hält einen der vorbeifahrenden Pickups an. Nach der Besichtigung von Al-Hajarah kann man entweder dort im Funduk übernachten oder nach Manakhah zurückkehren.

Sonnenuntergang in Houdaib am Jebel Haraz

## Auskunft

Die jemenitische Regierung unterhält weder im Ausland noch im Inland irgendwelche Informationsstellen. Im deutschsprachigen Raum übernimmt seit vielen Jahren die Deutsch-Jemenitische-Gesellschaft in Freiburg diese Aufgabe. Die halbjährlich erscheinende Zeitung der Gesellschaft ist eine wichtige Informationsgrundlage für alle Jemenreisenden, eine recht brauchbare Jemenkarte ist ebenfalls dort erhältlich.

**Deutsch-Jemenitische-Gesellschaft**
Erwinstr. 52
79102 Freiburg
Tel. und Fax 07 61/40 61 96

## Bevölkerung

Im Jemen leben rund 15 Mio. Menschen. Die durchschnittliche Bevölkerungsdichte ist sehr unterschiedlich, vor allem die östlichen Gebiete sind oft nahezu menschenleer.
31 % der Bevölkerung leben in Städten, der Rest als Bauern vorwiegend im westlichen Teil, im sogenannten Bergjemen. Die östlichen, wüstenartigen Regionen sind bis auf die bewirtschafteten Talsysteme weitgehend unbewohnt. Das jährliche Pro-Kopf-Einkommen liegt bei rund 520 US-$. Mehr als 50 % der Bevölkerung sind unter 14 Jahre.
Der Jemen ist ein islamisches Land, dessen Bewohner den beiden großen Schulen der islamischen Welt, der sunnitischen und schiitischen Glaubensrichtung, angehören. Vor allem im Norden des Landes finden sich vorwiegend Vertreter der zaiditischen Glaubensrichtung, während die sunnitischen und schafiitischen Glaubensgemeinschaften vorwiegend in der südli-

chen Landeshälfte zu finden sind. Dementsprechend werden auch die Lebensgewohnheiten der Jemeniten von den islamischen Gebräuchen bestimmt. Vordergründig ist der Jemen eine reine Männergesellschaft. Nur mit sehr viel Fingerspitzengefühl kann man als Fremder in die familiären Bereiche vordringen. Aber selbst dann ist der Kontakt zu Frauen weitgehend eingeschränkt. Andere Religionszugehörigkeiten beschränken sich fast ausschließlich auf im Jemen lebende Ausländer. Die jemenitischen Juden haben bis auf wenige Familien sämtlich das Land verlassen und leben heute in Israel oder Amerika.
Weite Bevölkerungsschichten des Jemen sind in uralte Stammesstrukturen eingebunden, deren Ursprünge weit vor die Geburt des Propheten zurückgehen. Sie besitzen eine eigene Gerichtsbarkeit und regeln nahezu sämtliche zwischenmenschlichen Belange wie Heirat,

Lehrer und Schüler in der Moschee von Jiblah

Streitigkeiten zwischen einzelnen Familien oder gar die noch überall vorherrschende Blutrache innerhalb des Stammes. Die einzelnen Hauptstämme wie die Hashid, Bakil, die Kaulan, Madhadj oder Oulaki sind wiederum in einzelne Unterstämme oder Dorfgemeinschaften unterteilt, die von einem Scheich angeführt werden.

## Diplomatische Vertretungen

In Deutschland
**Botschaft der Republik Jemen in Bonn**
Konrad-Adenauer-Allee 77
53113 Bonn
Tel. 02 28/22 02 73, Fax 22 93 64

In Österreich
**Botschaft der Republik Jemen**
Alserstr. 28
1090 Wien
Tel. 1/40 31 96 90

In der Schweiz
**Konsulat der Republik Jemen**
19, Chemin du Jonc
1216 Cointrin-Genéve/Genf
Tel. 0 22/7 98 53 33

Im Jemen
**Deutsche Botschaft**
Nahe dem Haddah Cinema Complex.
P.O. Box 41
Sana'a
Tel. 01/21 67 56 und 21 67 57,
Fax 21 67 58
Road 22
House No. 9–49

**Schweizerisches Konsulat**
Nahe Kuwait Street
P.O. Box 2565
Sana'a
Tel. 01/20 35 34

## Feiertage

|                               | 1996   | 1997   |
| ----------------------------- | ------ | ------ |
| Beginn des Ramadan            | 22.01. | 10.01. |
| Id al-Fitr                    | 22.02. | 10.02. |
| Tag der Arbeit                | 1.05.  | 1.05.  |
| Tag der Einheit (Nordjemen)   | 22.05. | 22.05. |
| Tag der Streitkräfte          | 13.06. | 13.06. |
| Id al-Hadj (Kabir)            | 29.04. | 18.04. |
| Neujahr (1417, 1418)          | 19.05. | 9.05.  |
| Geburtstag des Propheten      | 28.07. | 18.07. |
| Revolutionstag                | 26.09. | 26.09. |
| Nationalfeiertag              | 14.10. | 14.10. |
| Unabhängigkeitstag (Südjemen) | 30.11. | 30.11. |

## Fernsehen

Zur Zeit werden zwei jemenitische Fernsehprogramme (Sana'a und Aden) ausgestrahlt. Zusätzlich sind über Satellitenantenne n-tv und andere ausländische Kabelprogramme zu empfangen. Um 18 Uhr strahlt das Programm Sana'a Nachrichten in englischer Sprache aus.

## Fotografieren

Der Islam ist eine Religion, die in ihrer Ausübung weitgehend ohne bildliche Darstellungen auskommt und sich zum Ausgleich dafür auf ornamentale und kalligraphische Künste verlegt hat. Diese bildlose Religionspraxis ist letztlich Ursache dafür, daß in islamischen Ländern das Fotografieren oft als unerwünscht, manchmal sogar als tiefe Verletzung der Persönlichkeitsrechte empfunden wird. Besonders Frauen und Mädchen zu fotografieren ist ein absolutes Tabu.

Farbfilme sind in Sana'a erhältlich und können in den Zabara-Labors neben dem Taj-Sheba-Hotel oder am Midan at-Tahrir entwickelt werden.

Filmkameras und Videorecorder werden im Paß eingestempelt und müssen wieder ausgeführt werden.

## Geld

Die jemenitische Währungseinheit ist der Rial. Im Umlauf sind Banknoten von 1, 2, 5, 10, 20, 50, 100, 500 und 1000 Rial sowie Münzen im Wert von 25 Fils, 50 Fils, 1 Rial. Aus der Zeit der sozialistischen Volksrepublik ist immer noch u. a. im Süden die damalige Währung Dinar im Umlauf, wobei ein Dinar 26 Rial entspricht. Die früher im Umlauf befindlichen Maria-Theresia-Taler sind aus dem Verkehr gezogen und nur noch als Sammler- oder Schmuckstück bei den Silberhändlern erhältlich.

Die Inflationsrate des Jemen lag 1994 bereits bei ca. 130 %, dementsprechend hoch sind auch die Wechselkurse auf dem Schwarzmarkt. Der offizielle, an den Dollar gebundene Umtauschkurs beträgt fix 1 Dollar für 120 Rial, die anderen Währungen richten sich nach den jeweiligen Tageskursen. Wechseln kann man rein theoretisch bei den Geldwechslern im Suk (bester Kurs), bei den Fahrern und Guides (annehmbar), bei den Banken und im Hotel (offizieller Bankenkurs, aber unproblematische Abwicklung). Die Kurse im Suk liegen weit über dem offiziellen Wechselkurs. Travellerschecks werden nur im Hotel, von einigen Silberhändlern und auf der Bank (äußerst langwierig) angenommen. Am besten ist Bargeld, denn Kreditkarten werden im gesamten Jemen nicht akzeptiert.

## Kat

Wohl am auffälligsten von allen äußerlich feststellbaren Vorgängen, prägt Kat das alltägliche Leben. Es fällt schwer, als Außenstehender die ganze Tragweite des Katkauens abzuschätzen und zu beurteilen, denn

Damit Kat seine Wirkung entfaltet, muß er stundenlang gekaut werden

Kat hat nicht nur negative Seiten. Richtig ist, daß ein guter Teil des Familieneinkommens für Kat verschleudert wird, daß es abhängig macht und in seiner schlimmsten Form sogar schwere Schäden verursachen kann. Kat hat aber auch eine wichtige soziale und kommunikative Funktion, denn sämtliche Gespräche, von Heiratsvermittlung bis hin zur Stammesfehde, werden in derartigen Katrunden abgewickelt, und solange gekaut wird, wird auch miteinander gesprochen. Mit dem Katanbau wird in ländlichen Regionen zumindest noch ein Teil der Felder bewirtschaftet, die sonst brach lägen, und so die Landwirtschaft bedingt aufrechterhalten. Wirkstoff des Katstrauches sind Katin und Katinon, die eine leicht aufputschende Wirkung auf den Konsumenten ausüben. Um aber wirklich in den »Genuß« dieser Wirkstoffe zu kommen, muß man eine ausreichende Menge über mehrere Stunden hinweg kauen und in der Backe speichern. Ein Vorgang, an dem die meisten ausländischen Probanden bereits scheitern. Darüber hinaus speichern sich die Wirkstoffe über längere Zeit im Körper an, so daß über tagelanges Kauen hinweg erst ein körpereigenes »Depot« aufgebaut wird und man erst nach einigen Malen eine »richtige Wirkung« spürt.

## Kinder

Die Menge der Kinder im Jemen scheint nahezu unerschöpflich. Immerhin sind mehr als 50 % der Jemeniten jünger als 20 Jahre, die durchschnittliche Zahl der Geburten liegt bei sieben Kindern pro Frau. Die meisten Kinder müssen im Haushalt, im elterlichen Betrieb oder in der Landwirtschaft mitarbeiten. Das wehrfähige Alter für Knaben wird im Jemen mit 14 Jahren angesetzt.

## Kleidung

Jemeniten tragen vorwiegend das **chamis**, das lange, hemdartige Gewand, darüber ein Sakko und ein Schultertuch, den **shawl**. Die Frauen sind in den meisten Fällen verschleiert. Die **lithma**, das Gesichtstuch, verhüllt dabei das Antlitz, die **sitara**, das große, buntbedruckte Tuch, wird über den Kopf geworfen und als Umhang getragen. Der schwarze **sharshaf** stammt ursprünglich aus der Türkei und war ein Kleidungsstück der Oberklasse. Heute ist er gängige Mode, und die Vielfalt der schwarzen **sharshafs** kann man am besten in einem speziellen Laden, etwa in Sana'a in der Gamal Abdul Nasser Street, bewundern.

Von Europäern wird eine schickliche, zweckmäßige Kleidung erwartet, aber keine Verkleidung in Landestracht. Schickliche Kleidung bedeutet für Männer keine kurzen Hosen (sind gleichbedeutend mit Unterhosen!), für Frauen lange Röcke oder Hosen, bedeckte Arme und keinen Ausschnitt oder durchsichtige Stoffe.

Die großen Temperaturunterschiede zwischen Tag und Nacht, die vor allem in den Wintermonaten im Gebirge recht beachtlich sind, sorgen für einen vollen Koffer. Während nachts im Bergland im Winter die Temperatur je nach Lage und Höhe bis auf Null Grad absinken kann, klettert das Thermometer in der Mittagszeit gerne auf 35 Grad und mehr. Ratsam sind leichte Baumwollkleidung, ein Pullover und eine mittelwarme Jacke. Geschlossene Schuhe oder Turnschuhe, mit denen leichte Wanderungen oder Spaziergänge möglich sind, gehören auf jeden Fall ins Gepäck.

## Medizinische Versorgung

Für den Jemen sind keine Impfungen vorgeschrieben, sofern man nicht aus gelbfiebergefährdeten Regionen (etwa aus bestimmten Ländern in Afrika) kommt. Dennoch sollte man seine Abwehrkräfte z. B. mit einer Gammaglobulin-Impfung stärken. Malariaprophylaxe ist notwendig, wenn man in die Küstenstreifen reist. Auch in bewohnten Gebirgstälern in mittlerer Höhenlage kann es es zu Malariaübertragung kommen. Eine Auffrischung der Tetanusimpfung ist in jedem Fall empfehlenswert, sollte die letzte Impfung länger als 10 Jahre zurückliegen. Die Kombination mit Diphterie-Impfstoff ist sinnvoll.

Krankenhäuser und Apotheken des Landes weisen einen sehr einfachen Standard auf und sind wirklich nur eine Notlösung. Viele Medikamente wie etwa Insulin sind oft nur über den Schwarzmarkt erhältlich.

Neben den persönlichen Medikamenten (auch Hygienebedarf) und einem standardmäßigen Erste-Hilfe-Set mit Pflaster, Verband und Desinfektionsmittel gehören folgende Medikamente in die Reiseapotheke: zur Sicherheit ein Antibiotikum, Augentropfen, Tropfen oder Tabletten gegen Durchfall (nur im Notfall Imodium), Verstopfung, Grippe, Nasensalbe, Heilsalbe, eine Salbe gegen Mücken- und Flohstiche, Sonnencreme mit hohem Lichtschutzfaktor (mindestens 12). Wasserfilter, Kaliumpermanganat oder Micropur sind nur notwendig, wenn man Obst oder Gemüse waschen will oder abseits jeglicher Wege wandert.

Das Baden im Meer und in gechlortem Wasser ist unbedenklich. In Binnengewässern sollte man nicht baden.

## Notruf

Eine Notruftelefonnummer gibt es nicht, bei sämtlichen Vorkommnissen ist man zunächst auf sich selbst gestellt. Flugambulanz für einen etwaigen Rücktransport (nur bei Abschluß einer Versicherung):
**ADAC-Notrufzentrale München**
Tel. 00 49/22 22 22
**Deutsche Rettungsflugwacht Stuttgart**
Tel. 00 49/70 10 70
**DRK Flugdienst Bonn**
Tel. 00 49/2 88/23 32 32

## Politik

Nach der Proklamation der Republik Jemen am 22. Mai 1990 wurde das rund 520 000 qkm umfassende Staatsgebiet in 17 Regierungsbezirke unterteilt: Abyan, Aden, Al-Bayda, Al-Hudaydah, Al-Jawf, Al-Mahrah, Al-Mahwit, Dhamar, Hadramaut, Hajah, Ibb, Labj, Marib, Sadah, Sana'a, Shabwah und Taizz.

Zunächst standen sich die ehemaligen Präsidenten der beiden Jemen, Ali Abdullah Saleh (Nord) und Ali al-Bidh (Süden) freundschaftlich gegenüber. Dem starken Norden war es im Laufe der Monate jedoch gelungen, die Vertreter des ehemaligen Südjemen mehr und mehr in ihrem Einflußbereich zu beschränken. Nach mehreren diplomatischen Versuchen eskalierte die Situation im April 1994 und führte zu einem zweimonatigen Bürgerkrieg. Hier konnte sich der militärisch und wirtschaftlich weit überlegene Norden durchsetzen. Ali al-Bidh mußte nach dem Fall Adens fluchtartig das Land verlassen. Die Zahl der Toten gab der Norden mit 3800 an, den wirtschaftlichen Schaden mit rund 3 Mrd. Dollar. Der politische Einfluß des früheren Südjemens wurde in einer Verfassungsreform zum Erliegen gebracht, Saleh am 1. Okt. 1994 zum neuen Präsidenten gewählt.

Die jemenitische Regierungsform könnte man als eine Variante einer Präsidentendemokratie mit starkem tribalistischem und miltärischem Einfluß bezeichnen. Im Klartext bedeutet dies, daß eine demokratische Wahl stattfindet, im politischen Alltag jedoch auf außerhalb des Parlamentes liegende Kräfte Rücksicht genommen werden muß. Die Oppositionsparteien warnen immer wieder vor einer Rückkehr Salehs zu einer autokratischen Herrschaft. Trotz der häufig auftretenden demokratischen Unregelmäßigkeiten sind die Fortschritte des Jemen auf dem parlamentarischen Weg mehr als beachtenswert.

Staatspräsident ist der seit 1978 an der Spitze des Nordjemen stehende Ali Abdullah Saleh, der auch der stärksten Partei, dem **Allgemeinen Volkskongreß**, vorsteht. Parlamentspräsident ist der Großscheich Al-Ahmar, der gleichzeitig auch Vorsitzender der zweitstärksten Partei, der konservativen islamischen **Islah-Partei**, ist. Die Sozialistische Partei, die sich vornehmlich aus Anhängern und Vertretern des Südjemen rekrutiert, ist drittstärkste Kraft im Parlament.

Grundlage der jemenitischen Rechtsprechung ist die Sharia, das islamische Recht. Wirtschaftlich befindet sich der Jemen nicht nur seit dem Golfkrieg und der damit verbundenen Ausweisung von rund 800 000 Gastarbeitern aus Saudi-Arabien auf einer Talfahrt. Die Einnahmen aus den Ölkonzessionen und der Ölförderung bleiben weit hinter den Erwartungen zurück, die umfangreichen Gasvorkommen können wegen zu hoher Investitionskosten nicht genutzt werden. Die Arbeitslosenquote betrug Ende 1994 bereits 30 %.

## Post

Das jemenitische Postwesen funktioniert relativ gut. Die Laufzeit für Luftpostbriefe nach Europa liegt, sofern man sie direkt bei den Postämtern der großen Städte aufgibt, bei rund zehn Tagen. Im Jemen kennt man nur Postfächer, eine direkte Postzustellung gibt es nicht. Das Hauptpostamt im Sana'a liegt direkt am Midan at-Tahrir, in Aden im Stadtteil Crater.

## Reisedokumente

Für die Einreise benötigt man ein gültiges Visum, das von der Botschaft ausgestellt wird. Bei der Einreise in einer geschlossenen Reisegruppe kann auch ein Visum vor Ort erteilt werden. Bearbeitungsdauer ca. zwei Tage. Der Paß wird vom Veranstalter einbehalten und die Formalitäten vor Ort erledigt. Dem Visumantrag sind zwei Lichtbilder beizufügen. Der Reisepaß darf kein israelisches Visum enthalten und muß noch mindestens sechs Monate gültig sein. Visakosten z. Zt. 50 DM. Die Aufenthaltsdauer beträgt maximal 90 Tage, kann aber verlängert werden. Einreisende müssen in Besitz eines gültigen Rück- oder Weiterreise-Tickets sein sowie ausreichende Geldmittel für den Aufenthalt bei sich haben.

WICHTIGE INFORMATIONEN

### Reisewetter

Der Jemen kennt etwa drei Klimazonen. Die feuchtheiße Küstenebene der Tihama am Roten Meer, das meist trockene Klima des Bergjemen und die wüstenartigen Gebiete des östlichen Jemen. Das Klima in der Tihama ist sehr heiß, wobei die Temperaturen im Sommer bis zu 50 Grad erreichen. Hinzu kommt eine extrem hohe Luftfeuchtigkeit durch das Rote Meer. Im Landesinneren und im Bergjemen liegen die Temperaturen im Winter zwischen 5 Grad nachts und 25 Grad am Tage, im Sommer zwischen 15 Grad und maximal 40 Grad. Im Osten und in wüstenartigen Gebieten fällt das Thermometer auch im Winter nachts kaum unter 15 Grad, steigt aber im Sommer tagsüber bis auf 55 Grad.

Zu kürzeren Regenfällen kommt es vor allem während der zwei Monsunzeiten März/April und August/September. Die sintflutartigen Regenfälle können ganze Straßen wegspülen und Regionen tagelang von der Außenwelt abschneiden. In den Sommermonaten treten Sandstürme in der Arabischen Wüste auf. Sie bringen derart viel Staub in die oberen Luftschichten, daß sogar der Flughafen in Sana'a manchmal wegen katastrophaler Sichtverhältnisse geschlossen werden muß.

### Sprache

Die Verständigung im Land kann sehr problematisch werden, da außerhalb von Aden, Taizz und Sana'a kaum jemand Englisch, geschweige denn Deutsch spricht. Die wichtigsten Redewendungen:

Die genauen Klimadaten von **Sana'a**

| | Durchschnittstemperaturen in °C | | Sonnenstunden | Regentage |
|---|---|---|---|---|
| | Tag | Nacht | pro Tag | |
| Januar | 22,6 | 1,9 | 10,1 | 0 |
| Februar | 24,0 | 5,4 | 9,7 | 1 |
| März | 24,4 | 8,2 | 8,9 | 5 |
| April | 25,1 | 10,0 | 9,5 | 6 |
| Mai | 26,0 | 11,9 | 8,9 | 4 |
| Juni | 27,8 | 11,3 | 10,0 | 0 |
| Juli | 27,3 | 13,1 | 7,3 | 6 |
| August | 26,3 | 13,3 | 8,3 | 11 |
| September | 25,8 | 9,9 | 9,6 | 1 |
| Oktober | 22,8 | 4,5 | 10,5 | 1 |
| November | 21,5 | 1,6 | 9,9 | 0 |
| Dezember | 21,8 | 1,0 | 9,9 | 0 |

Quelle: Deutscher Wetterdienst, Offenbach

*as-salaamu'alaikum:* Friede sei mit Euch
*wa'alaikum as-salaam (Antwort):* Und Friede mit Euch

*ahlan:* Willkommen
*marhaba:* Willkommen

*kaif haalak? (bei Männern):* Wie geht es Dir?
*kaif haalish (bei Frauen):* Wie geht es Dir?

*bichair al-hamdulilaah:* Danke, gut

*saba al-chair:* Guten Morgen
*masaa al-chair:* Guten Abend

*ma'as-salaama:* Auf Wiedersehen

*aiwa/naam:* ja
*la:* nein
*mumkin:* vielleicht
*min fadlak:* bitte
*shukran:* danke
*afwan (zur Antwort):* gerne

*aish ismak (bei Männern):* Wie heißt Du?
*aish ismih (bei Frauen):* Wie heißt Du?

*tit kelam almaani/inghlisi:* Sprechen Sie Deutsch/Englisch?
*maa-atkallamsh 'arabi:* Ich spreche nicht Arabisch

*alyom:* heute
*bukhura:* morgen
*ams:* gestern

*kham:* wieviel
*bikham:* wieviel kostet
*filus:* Geld

*funduk:* Hotel
*ghurfa:* Zimmer
*mataarn:* Restaurant
*shamlan:* Mineralwasser
*maa oder muya:* Wasser

*cay:* Tee
*kawa:* Kaffee

*sayyaara:* Auto
*taksi:* Taxi
*baas:* Bus
*tayyara:* Flugzeug
*yasaar:* links
*yamin:* rechts
*tawwaali:* geradeaus
*fauk:* oben
*taht:* unten
*shuya:* langsam
*bisuraa:* schnell
*kif:* Halt

*wahit:* eins
*ithnain:* zwei
*thalaatha:* drei
*arba'a:* vier
*khamsa:* fünf
*sitta:* sechs
*sab'a:* sieben
*thamaaniya:* acht
*tis'a:* neun
*ashrara:* zehn
*ashriin:* zwanzig
*thalathiin:* dreißig
*arbaiin:* vierzig
*khamsiin:* fünfzig
*sitiin:* sechzig
*sab'iin:* siebzig
*thamatiin:* achtzig
*tis'iin:* neunzig
*miyya:* hundert
*miyyatain:* zweihundert
*thalaatmiyya:* dreihundert
*arba'miyya:* vierhundert
*chamsmiyya:* fünfhundert
*alf:* tausend

*yom as-sabt:* Samstag
*yom al-alhad:* Sonntag
*yom al ithnain:* Montag
*yom ath-thaluuth:* Dienstag
*yom ar-rabuu':* Mittwoch
*yom al-khamis:* Donnerstag
*yom ad-djum'aa:* Freitag

WICHTIGE INFORMATIONEN

## Stromspannung

Die Stromversorgung ist für größere Orte gesichert und beträgt 220 V Wechselstrom. In ländlichen Gebieten werden die Dörfer oft noch mit Generatoren versorgt. Stromausfälle sind an der Tagesordnung. Wer auf Netzstecker angewiesen ist, braucht ein breites Sortiment an Adaptern.

## Telefon

**Vorwahlen**
D, A, CH → Jemen 0 09 67
J → D 00 49
J → A 00 43
J → CH 00 41
Anschließend an den Ländercode wählt man ohne die Null die Ortskennzahl und dann die Nummer.

Das Telefonnetz funktioniert vorwiegend im ehemaligen Nordjemen gut. Im Osten und im Hadramaut sind Auslandstelefonate nahezu unmöglich. Von Aden aus bestehen gute Verbindungen. Das Telefonieren aus den Luxushotels ist relativ teuer. Alternativ kann man sich je nach Stadt nach der Gesellschaft **Teleyemen** erkundigen. Hier kann man mit Telefonkarten (100 Einheiten ca. 300 Rial) direkt und erheblich billiger telefonieren. Auch die inzwischen doch weitverbreitete Faxverbindung innerhalb des Jemen arbeitet zuverlässig.
Vorwahlen der einzelnen Städte:
Sana'a: 01
Aden: 02
Hudaydah: 03
Taizz: 04
Al-Mukalla: 05
Sadah: 0 51
Marib: 06

## Trinkgeld

Nur in Hotels wird für Dienstleistungen Trinkgeld erwartet. In den Garküchen ist es völlig unüblich, man zahlt beim Verlassen des Lokals. Ist man mit Fahrer unterwegs, so richtet sich sein Trinkgeld (bevorzugt in harter Währung) nach der Länge des gemeinsamen Aufenthalts. Da von diesem Trinkgeld teure Ersatzteile gekauft werden müssen, sollte die Gesamtsumme 20 $ pro Tag und Fahrer nicht unterschreiten.

## Zeitungen

Englischsprachige und ausländische Zeitungen sind nur selten erhältlich und oftmals schon veraltet. Einmal pro Woche gibt es die unabhängige, in Englisch und Französisch erscheinende **Yemen Times** zu kaufen, die sich über die Jahre hinweg als wichtiges und informatives Organ für den demokratischen Entwicklungsprozeß erwiesen hat.

## Zeitverschiebung

Die Abweichung zur MEZ beträgt im Winter + 1 Stunde, im Sommer + 2 Stunden. Das Zeitverständnis der Jemeniten ist sehr großzügig, Terminabsprachen mit genauer Uhrzeit sind völlig unüblich und dienen, wenn überhaupt, nur als grobe Richtwerte.

## Zoll

Es gelten die üblichen Zollbestimmungen, bei der Einfuhr von Alkohol ist man auf 1 l hochprozentiger Getränke beschränkt. Die Einfuhr pornographischer Artikel (dazu kann schon eine freizügige Illustrierte gehören) ist absolut verboten. Die Ausfuhr von Antiquitäten ist untersagt.

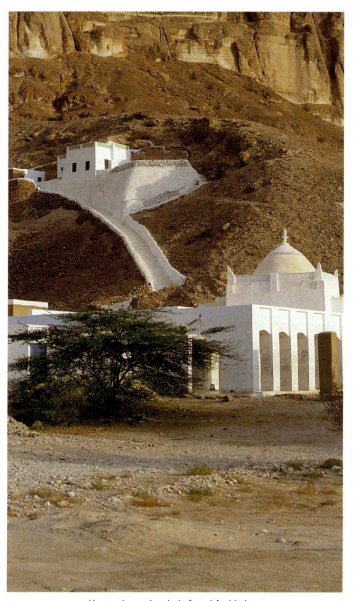

Harmonie von Landschaft und Architektur

WICHTIGE INFORMATIONEN

**Ab 5. Jt. v. Chr.**
Von Norden her dringen die Vorfahren der Sabäer, Hadramiten, Qatabanen und Minäer in den Jemen vor. Durch Nutzung der periodischen Regenfälle machen sie den Rand der Wüste fruchtbar.

**2. Jt. v. Chr**
Mit der Domestizierung des Kamels steht ein neues Transportmittel zur Verfügung. Die Weihrauchstraße führt von Oman über den Jemen ans Mittelmeer. Im Jemen entstehen Königreiche.

**Um 685 v. Chr.**
Sabäische Truppen unterwerfen unter Kari'il Watar weite Gebiete des heutigen Jemen.

**Um 500 v. Chr.**
Der Vasallenstaat der Minäer löst sich von Saba und wird selbständiger Staat.

**Um 400 v. Chr.**
Das südlich von Saba gelegene Königreich Aussan wird unterworfen und zerstört. Die einstigen Vasallenstaaten Ma'in, Qataban und Hadramaut lösen sich von der sabäischen Vorherrschaft.

**Um 120 v. Chr.**
Saba erobert Ma'in.

**25/24 v. Chr.**
Unter Aelius Gallus dringen die Römer nach Marib vor, müssen aber unverrichteter Dinge wieder abziehen.

**150 n. Chr.**
Timna, Hauptstadt des Reiches der Qatabaner, wird von den benachbarten Himjariten erobert.

**Ab 217/218**
Shabwah wird durch sabäische Truppen zerstört.

**Um 400**
Hadramaut wird von den Himjariten unterworfen.

**517**
Der himjaritische König Dhu Nuwas konvertiert zum jüdischen Glauben und richtet unter den Christen des Jemen ein Massaker an.

**523**
Unter dem äthiopischen Feldherrn Abraha besetzen die Abessinier den Jemen. Sana'a wird zur neuen Hauptstadt des Jemen erklärt.

**542**
Dammbruch in Marib, die Oase verödet. Die Beduinisierung der Bevölkerung setzt ein.

**579**
Unter Führung der Perser werden die abessinischen Truppen geschlagen. Der Jemen wird sassanidische Provinz.

**628**
Der persische Statthalter tritt zum neuen islamischen Glauben über. Der Jemen wird islamische Provinz.

**847**
Die aus Shibam stammende Familie der Yu'fariden begründet die erste jemenitisch-islamische Dynastie.

**897**
Yahya Ibn Hadi al-Hussein wird als Schiedsrichter nach Sadah gerufen und etabliert dort die zaiditische Herrschaft. 901 zieht Yayha zum ersten Male in Sana'a ein.

**1173**
Ayyubidische Truppen unter Führung des Bruders von Saladin, Turanshah, erobern die südlichen Regionen des Jemen und wählen Taizz als Sitz des Heerlagers aus.

**1228**
Die Dynastie der Rasuliden löst die
Ayyubiden ab. Der Jemen erlebt sei-
ne künstlerische Blüte. Bedeutende
Bauwerke wie die Ashrafiyah-Mo-
schee in Taizz entstehen.

**1507**
Die Portugiesen landen auf Soqotra.

**1515**
Die ägyptischen Mamelucken besetzen den Jemen, erobern 1538 Aden
und ziehen 1546 in Sana'a ein.

**1597**
Unter dem Imam Muhammed
al-Qasim kämpfen die Jemeniten
gegen die verhaßten Türken, die
1628 kapitulieren.

**1839**
Britische Truppen besetzen Aden.
Im Laufe der Jahre wird Aden zum
drittgrößten Bunkerhafen nach Li-
verpool und New York ausgebaut.

**1849**
Von der Tihama aus besetzen die
Türken ein zweites Mal den nördli-
chen Jemen. Ab 1890 kämpft Imam
Yahya ad-Dhin gegen die Osmanen
und erringt mit Ende des Ersten
Weltkrieges die Unabhängigkeit.

**1932/1933**
Grenzkonflikt mit Saudi-Arabien wegen der Provinzen Najran und Aziz.

**1948**
Der Umsturz gegen Imam Yayha
schlägt fehl. Sein Sohn, Imam
Ahmed, herrscht rigide und brutal.

**1962**
Mit dem Tode Imam Ahmeds kommt
es zur Revolution. Ein Bürgerkrieg
überzieht den Nordjemen, ägyptische Truppen greifen auf Seiten der
Republikaner ein.

**1967**
Nach Kämpfen in Aden ziehen sich
die letzten britischen Truppen aus
der Kronkolonie zurück. Die marxisti-
sche NFL gewinnt die Oberhand.

**1970**
Ende des Bürgerkrieges im Nordjemen.

**1978**
Ali Abdullah Saleh wird Präsident
des Nordjemen.

**1986**
In Aden kommt es innerhalb der
verschiedenen Gruppierungen
zu blutigen Machtkämpfen.

**1989**
Infolge des Zusammenbruchs der
Sowjetunion bricht auch die Kader-
struktur des Südjemen auf. Beide
Jemen nähern sich an und unter-
zeichnen den Vereinigungsvertrag.

**22. Mai 1990**
Die Jemenitische Republik wird
proklamiert.

**1993**
Nach mehrfacher Verschiebung werden Parlamentswahlen abgehalten.

**1994**
Die Konflikte zwischen Al-Bidh (Süd)
und Ali Abdullah Saleh (Nord) spitzen sich zu. Im Mai brechen in Amran erste Kampfhandlungen aus,
wenige Wochen später kommt es
zum Krieg. Am 7. Juli wird Aden von
den Regierungstruppen eingenom-
men.

**1995**
Das Jahr steht im Zeichen der po-
litischen Stabilisierung Ali Abdullah
Salehs. Die konservativ-islamische
Islah-Partei wird bei den Wahlen
zweitstärkste politische Partei.

**WICHTIGE INFORMATIONEN**

Hier finden Sie die in diesem Band beschriebenen Orte und Ausflugsziele. Außerdem enthält das Register wichtige Stichworte, landessprachliche Bezeichnungen sowie alle Tips dieses Reiseführers. Wird ein Begriff mehrfach aufgeführt, verweist die **fett** gedruckte Zahl auf die Hauptnennung. Die **Buchstaben-Zahlen-Kombinationen** nach den Seitenangaben verweisen auf die Planquadrate der Karten.

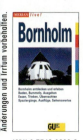

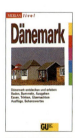

**WICHTIGE INFORMATIONEN**

**An unsere Leserinnen und Leser:**

**Wir freuen uns, Ihre Meinung zu diesem Reiseführer zu erfahren. Bitte schreiben Sie uns, wenn Sie Berichtigungen und Ergänzungsvorschläge haben oder wenn Ihnen etwas besonders gut gefällt:**

Gräfe und Unzer Verlag
Reiseredaktion
Stichwort: MERIAN live!
Postfach 40 07 09
Isabellastraße 32
80707 München

Lektorat: Christiane Filius-Jehne
Bildredaktion: Christof Klocker
Kartenredaktion:
Reinhard Piontkowski

Gestaltung: Ludwig Kaiser
Umschlagfoto: J. Chwaszcza/
Männer bei Hochzeitsfeierlichkeiten
Karten: Kartographie Huber
Produktion: Helmut Giersberg
Satz: Andrés Gomez
Druck und Bindung: Appl, Wemding
ISBN 3 – 7742 – 0404 – 7

Fotos
Alle Fotos J. Chwaszcza außer:
H. Jennerich 12, 38
T. Stankiewicz 26, 47, 78/79, 83, 85, 90

**Dieses Buch wurde auf chlorfrei gebleichtem Papier gedruckt**

1. Auflage 1996
© 1996 Gräfe und Unzer Verlag GmbH, München